浙江省交通建设指南

水泥混凝土桥面铺装及护栏机械化施工技术指南

ZJ/ZN 2020-03

编写单位:绍兴市交通工程质量安全监督站
绍兴市交通建设有限公司
中交一公局第二工程有限公司
浙江交工集团股份有限公司
杭州道乔业交通科技有限公司
浙江省交通运输科学研究院
批准单位:浙江省交通运输厅

人民交通出版社股份有限公司
北 京

图书在版编目(CIP)数据

水泥混凝土桥面铺装及护栏机械化施工技术指南 / 绍兴市交通工程质量安全监督站等主编. — 北京 : 人民交通出版社股份有限公司, 2020.11

ISBN 978-7-114-16865-9

Ⅰ. ①水… Ⅱ. ①绍… Ⅲ. ①钢筋混凝土桥—桥面铺装—指南②钢筋混凝土桥—防护—栏杆—桥梁施工—指南 Ⅳ. ①U44-62

中国版本图书馆 CIP 数据核字(2020)第 185996 号

Shuini Hunningtu Qiaomian Puzhuang ji Hulan Jixiehua Shigong Jishu Zhinan

书　　名: 水泥混凝土桥面铺装及护栏机械化施工技术指南

著 作 者: 绍兴市交通工程质量安全监督站
绍兴市交通建设有限公司
中交一公局第二工程有限公司
浙江交工集团股份有限公司
杭州道乔业交通科技有限公司
浙江省交通运输科学研究院

责任编辑: 黎小东

责任校对: 孙国靖　龙　雪

责任印制: 刘高彤

出版发行: 人民交通出版社股份有限公司

地　　址: (100011)北京市朝阳区安定门外外馆斜街 3 号

网　　址: http://www.ccpcl.com.cn

销售电话: (010)59757973

总 经 销: 人民交通出版社股份有限公司发行部

经　　销: 各地新华书店

印　　刷: 北京市密东印刷有限公司

开　　本: 880 × 1230　1/16

印　　张: 3.25

字　　数: 90 千

版　　次: 2020 年 11 月　第 1 版

印　　次: 2020 年 11 月　第 1 次印刷

书　　号: ISBN 978-7-114-16865-9

定　　价: 60.00 元

《水泥混凝土桥面铺装及护栏机械化施工技术指南》

审定委员会

主任委员：陆耀忠

委　　员：张治中　卞钧霈　文　斌　戴晓栋　寿　华
孙庆云

编　写　组

主　　编：王祥真

副 主 编：梁建锋　陶建军

编写人员：侯义辉　吴松华　陈　刚　郑康康　陈　勇
徐锋铭　赵玉贤　吕保中　李　响　李凯东
李国昌　姜　宇　高红军　谢金辉　苟小平
高鹏飞　高防伟　嵇丙尧　金肃静　杨世兵
周超琪　周　晨

目　次

前　　言

为规范水泥混凝土桥面铺装和护栏的机械化施工，提高施工作业水平和工程质量，促进创建桥梁品质工程，编写组在认真总结浙江省内外水泥混凝土桥面铺装及护栏机械化施工成功经验基础上，编制了《水泥混凝土桥面铺装及护栏机械化施工技术指南》，用以指导水泥混凝土桥面铺装及护栏机械化施工。

《水泥混凝土桥面铺装及护栏机械化施工技术指南》为技术性指南，请注意本指南的某些内容可能涉及专利，本指南发布单位不承担识别这些专利的责任。

水泥混凝土桥面铺装及护栏机械化施工技术指南

1 总则

1.1 为了规范水泥混凝土桥面铺装及护栏机械化施工,提高桥面铺装及护栏施工质量,特编制《水泥混凝土桥面铺装及护栏机械化施工技术指南》(以下简称“本指南”)。

1.2 本指南内容包含:1 总则、2 编制依据、3 术语和定义 、4 基本规定、5 机具设备、6 原材料、7 水泥混凝土桥面铺装、8 现浇混凝土护栏、9 工程质量检验评定、附录 A(规范性附录)质量问题及预防等。

1.3 本指南适用于水泥混凝土桥面铺装及现浇混凝土护栏的机械化施工和质量检验。

1.4 水泥混凝土桥面铺装及现浇混凝土护栏的机械化施工除执行本指南外,尚应执行国家、行业和地方的法律、法规、规章、技术标准、规范、规程等规定。

2 编制依据

2.1 标准、规范

GB/T 1499.3	钢筋混凝土用钢　第 3 部分:钢筋焊接网
GB/T 1596	用于水泥和混凝土中的粉煤灰
GB 6067	起重机械安全规程
GB/T 50080	普通混凝土拌合物性能试验方法标准
GB 50119	混凝土外加剂应用技术规范
JB/T 9186—1999	二氧化碳气体保护焊工艺规程
JGJ 46	施工现场临时用电安全技术规范
JGJ 80	建筑施工高处作业安全技术规范
JGJ 145	混凝土结构后锚固技术规程
JTG E42	公路工程集料试验规程
JTG/T F30—2014	公路水泥混凝土路面施工技术细则
JTG/T F50—2011	公路桥涵施工技术规范
JTG F80/1—2017	公路工程质量检验评定标准　第一册　土建工程
CECS 38	纤维混凝土结构技术规程
DB33/T 999	公路工程混凝土配合比设计规程
浙交〔2016〕28 号	浙江省交通建设工程机制砂生产(湿法)及机制砂海工混凝土技术指南
浙交〔2016〕28 号	浙江省交通建设工程机制砂生产(干法)及机制砂混凝土技术指南

2.2 规范性文件

中华人民共和国主席令(2013)4 号	中华人民共和国特种设备安全法
国务院令(2019)373 号	特种设备安全监察条例
质检总局 2014 年第 114 号	特种设备目录

3 术语和定义

3.1

基准带

设置于防撞护栏内侧,先于水泥混凝土桥面铺装施工,宽度约50cm的水泥混凝土桥面铺装结构层,作为铺装混凝土顶面高程、平整度控制基准面,兼作水泥混凝土桥面铺装施工设备行走系统的基面及桥面铺装侧模。

4 基本规定

4.1 水泥混凝土桥面铺装及现浇混凝土护栏施工前应编制专项施工方案。专项施工方案主要包含工程概况、目标、责任落实、生产组织及进度计划、施工准备(工、料、机)、施工工艺流程、工艺标准,质量、安全、环保等保障措施,以及按照附录A提出的质量通病治理措施。

4.2 水泥混凝土桥面铺装及现浇混凝土护栏施工应积极推广应用新技术、新工艺、新材料、新设备。

4.3 混凝土配合比设计应符合《公路工程混凝土配合比设计规程》(DB33/T 999)的要求;水泥混凝土桥面铺装和现浇混凝土护栏试验段应对混凝土性能状况进行验证;施工时应关注拌和、振捣及整平后的混凝土配合比组成和性能,如出现泌水量过大、混凝土出现离析时应及时分析原因,必要时对混凝土配合比做出调整。

4.4 水泥混凝土桥面铺装及现浇混凝土护栏施工前,均应按照以下要求组织试验路段(首件工程)的施工,在试验段施工取得成效并做好总结经批准后方可全面施工,以提高施工管理和技术水平:

a) 施工单位应在专项施工方案中明确首件工程的实施方案,并按照方案组织落实;

b) 首件工程施工总结时,应重点对混凝土的强度、工艺性能和外观质量、平面偏位、断面尺寸、钢筋和钢筋网位置等进行检测,找出症结,提出有针对性的解决措施;

c) 优化施工机械的操作方法,调整施工机械参数,找出工料机的最佳组合参数,提高施工质量,保证施工安全。

4.5 现浇混凝土护栏高度应按照沥青混凝土桥面设计高程为基础进行计算。

5 机具设备

5.1 一般要求

5.1.1 施工机械设施设备。为方便,以下统称"设备"。

5.1.1.1 水泥混凝土桥面机械化铺装设备名称及其简称如下:

a) 钢筋焊接网片位置检查台车,简称"检查台车";

b) 混凝土布料泵车,简称"布料泵车";

c) 自动找平激光整平振捣机,简称"整平振捣机";

d) 座驾式抹面机,简称"抹面机";

e) 桥面自动拉毛机,简称"拉毛机";

f) 混凝土桥面自动喷淋养护系统,简称"喷淋养护系统"。

5.1.1.2 现浇混凝土护栏机械化设备名称及其简称如下:

a) 护栏钢筋安装基准架,简称"安装基准架";

b) 护栏钢筋定位胎架,简称"定位胎架";

c) 护栏模板安装自行式作业台车,简称"作业台车";

d）护栏混凝土浇筑布料系统，简称“布料系统”；

e）混凝土浇筑平台，简称“浇筑平台”；

f）护栏智能养护系统，简称“智能养护系统”。

5.1.1.3 设备使用前，应按以下要求进行调试和验收，并签署设备验收表，办理设备进场使用手续：

a）厂家加工的设备：应提供出厂合格证、使用说明书；

b）自制设备：应进行专项验收；

c）具有起重功能的自制设备：应评价是否在《特种设备目录》范围内，如是，应按照《中华人民共和国特种设备安全法》《特种设备安全监察条例》的规定，在使用前须具有法定机构出具的检验检测合格证明；安装调试、拆卸应具有经审批的专项施工方案及安全技术措施，并由具备安装、拆卸资质和从业人员资格的队伍进行。

5.1.2 工程所用的各类机械设备应符合设备性能及专项施工方案的要求，检验合格证明文件齐全。

5.1.3 现场各类机械设备停放位置应合理规划、摆放整齐；对施工机械设备应定期进行检查维修和保养，建立台账。

5.2 桥面施工设备

5.2.1 检查台车

5.2.1.1 检查台车由左右行走架、主桁架、电机、减速箱、行走轮、转轴、检验拨片、调节手轮、调节螺杆、固定螺杆、标准杆等组成，构造示意见图1，作业示意见图2。其设备宽度应满足覆盖单幅桥面的要求，可调节检验拨片至设计高度。

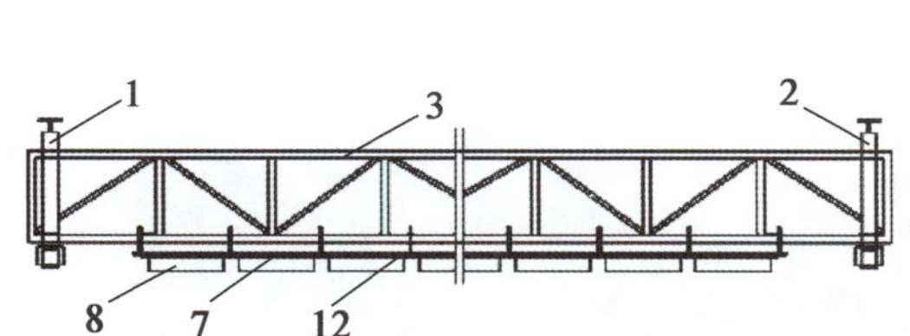

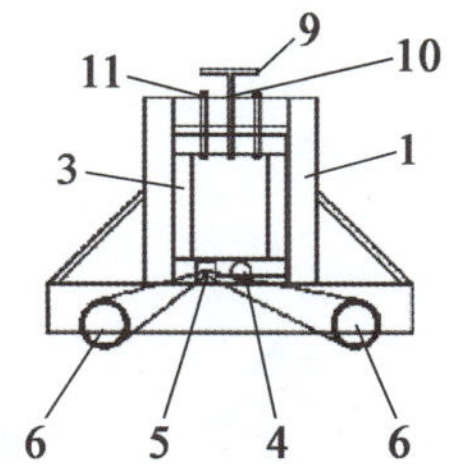

图1 检查台车构造示意图

1-左行走架；2-右行走架；3-主桁架；4-电机；5-减速箱；6-行走轮；7-转轴；8-检验拨片；9-调节手轮；10-调节螺杆；11-固定螺杆；12-标准杆

图2 检查台车作业示意图

5.2.1.2 检查台车应具有自动行走功能，检验拨片的底部应在同一条直线上，拨片应具有轴向固定并自由转动的功能。

5.2.1.3 检查台车的性能应满足以下要求：

a) 具有一定刚度，保证其在正常作业过程中不产生较大变形；

b) 检验拨片高程偏差不超过 ±3mm；

c) 检验拨片应保持平整、不变形。

5.2.2 布料泵车

5.2.2.1 布料泵车由底盘、臂架系统、转塔、液压系统、电气系统、泵送系统等组成，构造示意见图3，作业示意见图4。

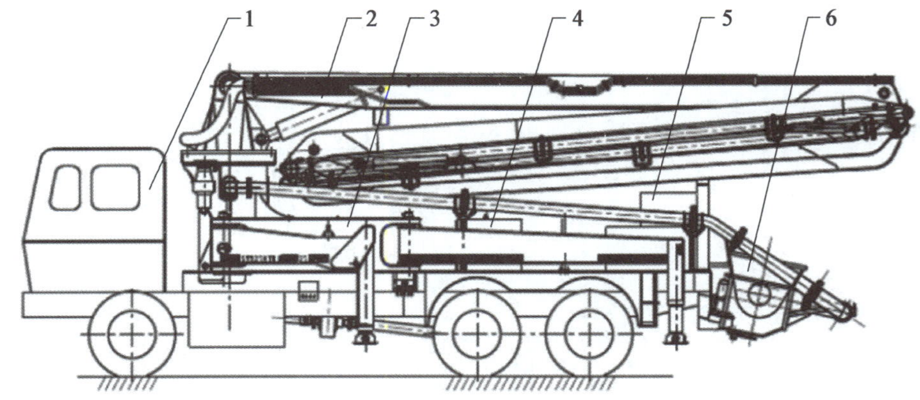

图3 布料泵车构造示意图

1-底盘；2-臂架系统；3-转塔；4-液压系统；5-电气系统；6-泵送系统

图4 布料泵车桥面作业示意图

5.2.2.2 布料泵车应具有持续输送混凝土、可移动、出料稳定的功能。

5.2.2.3 布料泵车的性能应满足以下要求：

a) 混凝土排量宜为 $100m^3/h \sim 140m^3/h$，泵送次数为 15.5 次/min ~ 22 次/min，泵送距离满足现场施工要求；

b) 泵管末端应采用橡胶软管，弯曲半径应大于 1m。软管含高强钢丝，保证泵管强度要求。

5.2.3 整平振捣机

5.2.3.1 整平振捣机由照明灯、液压泵站、控制电箱、激光信号接收器、液压油泵、行走装置等组成，构造示意见图5，作业示意见图6。

5.2.3.2 整平振捣机应具有振捣自动整平的功能，同时具有设备高度和平整度的调整功能。

5.2.3.3 整平振捣机的性能应满足以下要求：

a) 整平振捣机辊轴拼装完成后,表面平整度应满足水泥混凝土桥面铺装平整度的施工要求,辊轴拼接处应平整,不应有错缝,辊轴转动频率为 0 次/min ~ 240 次/min,平板振动器的振动频率为 50Hz;

b) 整平振捣机行走速度为 0m/min ~ 4m/min,施工坡度应满足双向施工且双向可调坡度 0° ~ 15°的要求,制动系统可靠;

c) 设备整体挠度值应不大于 5mm。

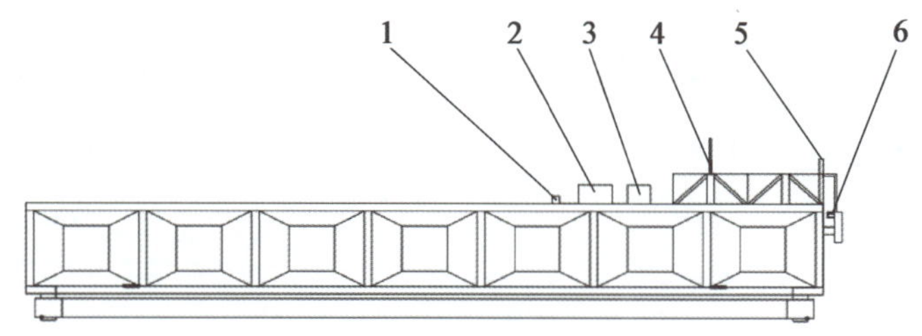

图 5 整平振捣机构造示意图

1-照明灯;2-液压泵站;3-控制电箱;4-激光信号接收器;5-液压油泵;6-行走装置

图 6 整平振捣机作业示意图

5.2.4 抹面机

5.2.4.1 抹面机由抹面机本体、机架总成、抹刀盘装置、平底板、操控总台、发动机、油箱、操控座椅、隔音防护钢化玻璃板、操纵扶手、角度调节摇手、制动踏板、油门踏板、照明灯装置、减速机等组成,构造示意见图 7,作业示意见图 8。

5.2.4.2 抹面机应具有提浆、抹光的功能。

5.2.4.3 抹面机应重量适宜、减速比大、扭矩大、结构紧凑,其性能应满足以下要求:

a) 工作面积为 $2m^2$ ~ $2.5m^2$;

b) 工作效率不应低于 $400m^2/h$。

5.2.5 拉毛机

5.2.5.1 拉毛机由行走轮、电动机、支撑板、连接杆、拉毛刷、U 形支撑块、U 形支撑杆、支撑臂、滑轨、U 形斜轨、安装板、传动块、滚轮、皮带轮、转轴、皮带等组成,构造示意见图 9,作业示意见图 10。

5.2.5.2 拉毛机应具有在电动装置的控制下实现自动拉毛,自动控制拉毛线形、深度、宽度的功能。

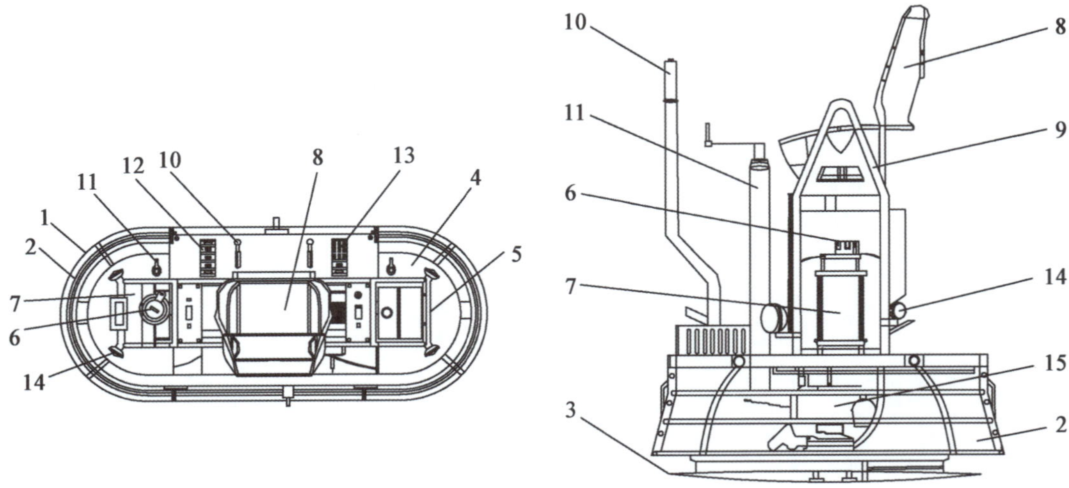

图7　抹面机构造示意图

1-抹面机本体;2-机架总成;3-抹刀盘装置;4-平底板;5-操控总台;6-发动机;7-油箱;8-操控座椅;9-隔音防护钢化玻璃板;10-操纵扶手;11-角度调节摇手;12-制动踏板;13-油门踏板;14-照明灯装置;15-减速机

图8　抹面机作业示意图

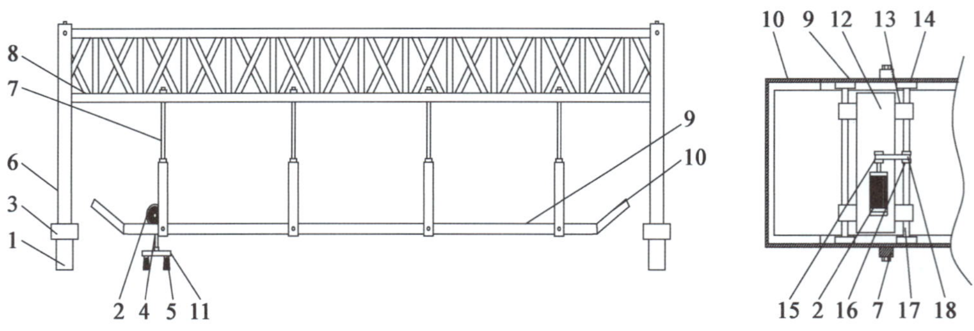

图9　拉毛机构造示意图

1-行走轮;2-电动机;3-支撑板1;4-连接杆;5-拉毛刷; 6-U形支撑块;7-U形支撑杆;8-支撑臂;9-滑轨;10-U形斜轨;11- 安装板;12-支撑板2;13-传动块;14-滚轮;15-皮带轮1;16-皮带轮2;17-转轴;18-皮带

5.2.5.3　拉毛机的性能应满足以下要求:

a)　拉毛(刻槽)深度应满足1mm～2mm的要求;

b)　拉毛宽度均匀,线形顺直,间距均匀;

c)　强度及刚度满足作业要求。

图10　拉毛机作业示意图

5.2.6　喷淋养护系统

5.2.6.1　喷淋养护系统由储水罐、控制系统、喷头等组成，构造示意见图11，作业示意见图12。

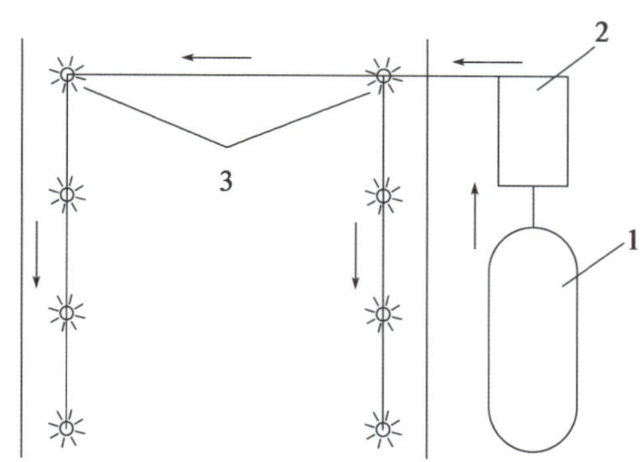

图11　喷淋养护系统构造示意图

1-储水罐；2-控制系统；3-喷头

图12　喷淋养护系统作业示意图

5.2.6.2　喷淋养护系统应具有水泥混凝土桥面铺装无盲点养护、微型计算机控制喷淋时间的功能。

5.2.6.3　喷淋养护系统的性能应满足以下要求：

a）水压处于低压状态时，两喷头的喷淋水搭接30cm～50cm；喷头可采用旋转式喷头，喷头出水孔不宜过小，防止杂物堵塞喷头。

b) 在第一次喷淋后水分尚未完全蒸发时,开始第二次喷淋,确保水泥混凝土桥面铺装混凝土在早期能进行全湿润养护。

5.3 现浇混凝土护栏施工设备

5.3.1 安装基准架

5.3.1.1 安装基准架由底板、滚珠水平仪、第一螺杆、护栏预埋筋定位杆、底座、支撑杆、马蹄筋定位杆、承杆、圆柱形空心筋、骨架钢筋定位杆、骨架钢筋高程控制杆、钩形固定架、第二螺杆、水平尺、多边形钢筋、垂直度控制仪、水平定位器等组成,构造示意见图13,作业示意见图14。

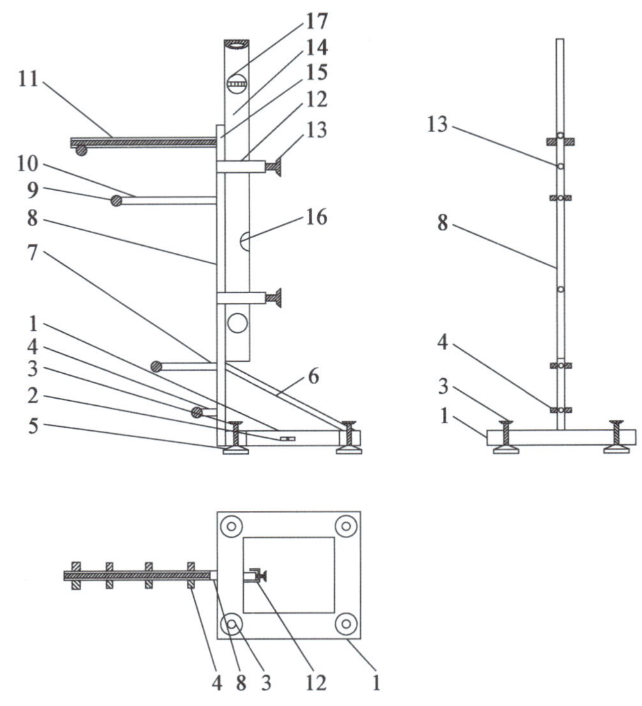

图13 安装基准架构造示意图

1-底板;2-滚珠水平仪;3-第一螺杆;4-护栏预埋筋定位杆;5-底座;6-支撑杆;7-马蹄筋定位杆;8-承杆;9-圆柱形空心筋;10-骨架钢筋定位杆;11-骨架钢筋高程控制杆;12-钩形固定架;13-第二螺杆;14-水平尺;15-多边形钢筋;16-垂直度控制仪;17-水平定位器

图14 安装基准架作业示意图

5.3.1.2 安装基准架应具有通过对骨架钢筋平面及高程的定位,保证护栏钢筋绑扎过程中线形顺直、位置准确的功能。

5.3.1.3 安装基准架的性能应满足以下要求:

a) 整体刚度满足施工要求;

b) 护栏预埋筋定位杆、马蹄筋定位杆、骨架钢筋定位杆、骨架钢筋高程控制杆相对位置准确。

5.3.2 定位胎架

5.3.2.1 定位胎架由定位架、磁铁片、测量尺、限位柱、顶杆、螺纹杆、支撑杆、标识牌、紧固螺栓、滑动环、滑动板、连接杆、安装块、支撑腿、螺母、连接柱、马蹄筋间距控制板、固定块、锁止万向轮等组成,构造示意见图15,作业示意见图16。

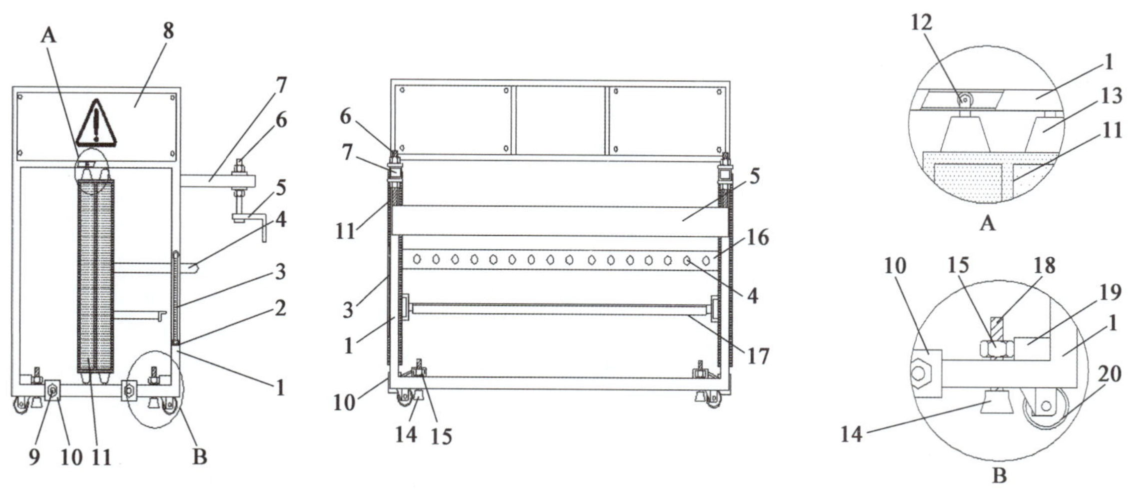

图15 定位胎架构造示意图

1-定位架;2-磁铁片;3-测量尺;4-限位柱;5-顶杆;6-螺纹杆1;7-支撑杆;8-标识牌;9-紧固螺栓;10-滑动环;11-滑动板;12-连接杆;13-安装块;14-支撑腿;15-螺母;16-连接柱;17-马蹄筋间距控制板;18-螺纹杆2;19-固定块;20-锁止万向轮

图16 定位胎架作业示意图

5.3.2.2 定位胎架应具有通过骨架钢筋平面及高程的定位,保证护栏钢筋线形顺直,控制保护层厚度,使钢筋间距均匀的功能。

5.3.2.3 定位胎架的性能应满足以下要求:

a) 结构刚度满足施工要求;

b) 限位柱间距大于现浇混凝土护栏钢筋的外径、小于现浇混凝土护栏钢筋的外径加上相邻两根现浇混凝土护栏钢筋间距的最大允许偏差，长度等于现浇混凝土护栏钢筋的公称直径。

5.3.3 作业台车

5.3.3.1 作业台车由底架、吊机、过道、斜撑杆、连接架、吊篮、液压缸、液压支腿、底座、底盘等组成，构造示意见图17，作业示意见图18、图19。

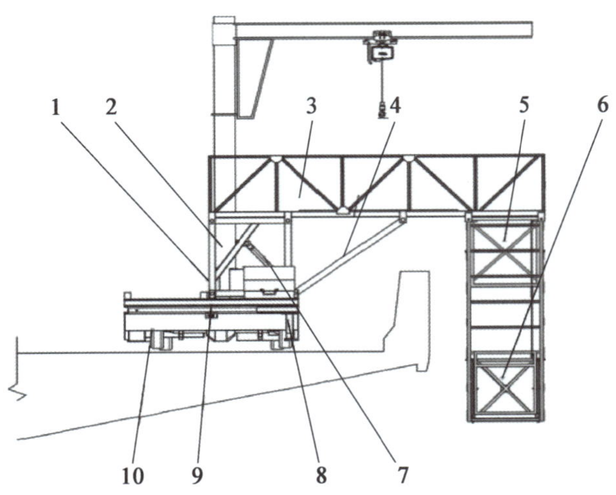

图17 作业台车构造示意图

1-底架；2-吊机；3-过道；4-斜撑杆；5-连接架；6-吊篮；7-液压缸；8-液压支腿；9-底座；10-底盘

图18 作业台车作业示意图1

图19 作业台车作业示意图2

5.3.3.2 作业台车应具有护栏模板快速、高效、安全安装和拆卸的功能，以及辅助进行假缝、胀缝施工的功能。

5.3.3.3 作业台车属于《特种设备目录》范围，其性能应满足以下要求：

a) 安全稳定性应满足《起重机械安全规程》(GB 6067)的相关规定；

b) 行走速度宜为0m/min～10m/min；

c) 最大吊装质量不小于300kg，有效吊装高度不小于4m，吊装半径不小于3.1m。

5.3.4 布料系统

5.3.4.1 布料系统由导轨、支撑杆、出料箱、滑槽、滚轮、支撑柱、出料孔、蓄料斗、橡胶防滑套、弹簧、滑块、出料管、通腔、挡板、把手、U形杆、U形块、弧形夹套、支架等组成，构造示意见图20，作业示意见图21。

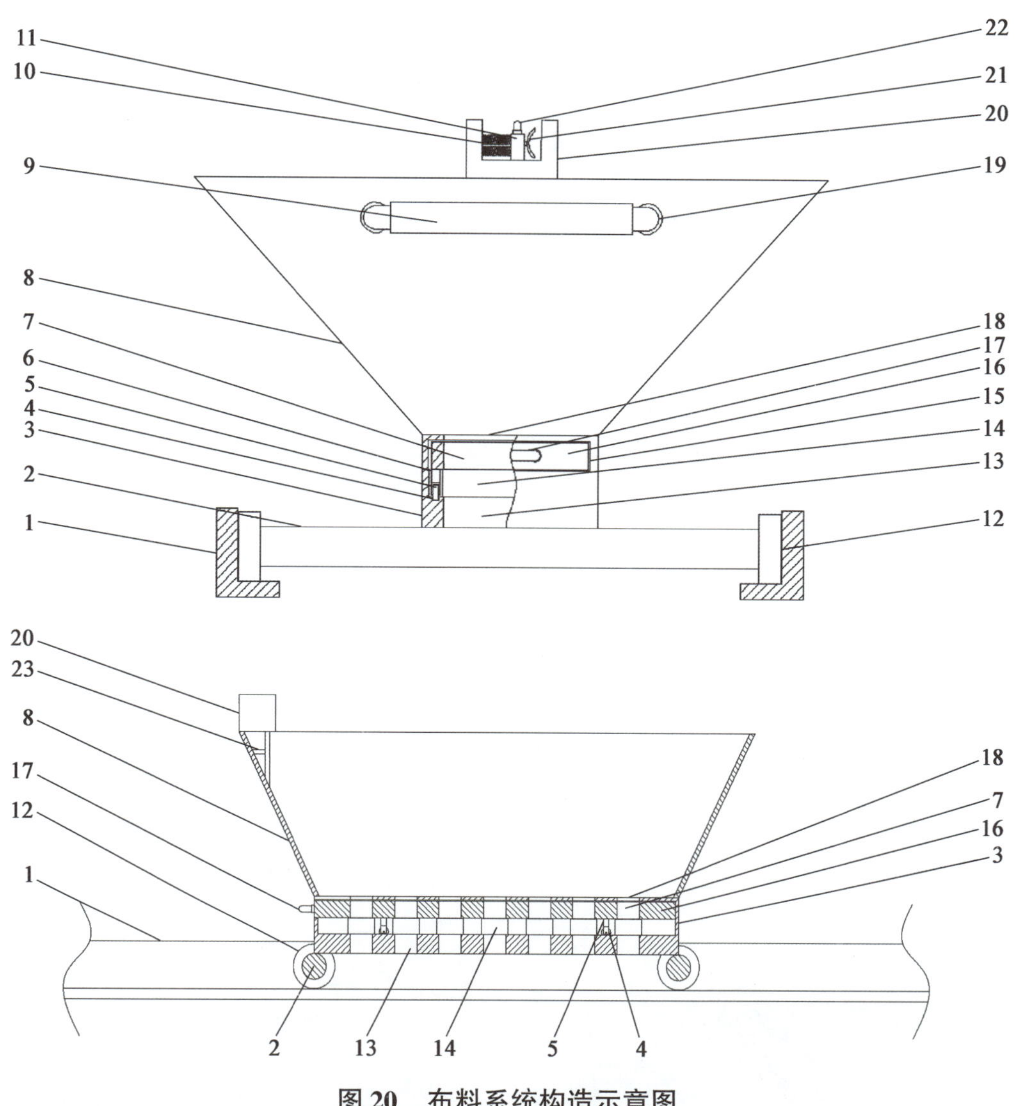

图 20　布料系统构造示意图

1-导轨;2-支撑杆;3-出料箱;4-滑槽;5-滚轮 1;6-支撑柱;7-出料孔 3;8-蓄料斗;9-橡胶防滑套;10-弹簧;11-滑块;12-滚轮 2;13-出料孔 2;14-出料管;15-通腔;16-挡板;17-把手 2;18-出料孔 1;19-U 形杆;20-U 形块;21-弧形夹套;22-把手 1;23-支架

图 21　布料系统作业示意图

5.3.4.2　布料系统应具有纵向移动、精确布料的功能。

5.3.4.3　布料系统的性能应满足以下要求：

a)　整体强度及稳定性满足施工要求；

b)　在纵坡较大时，行走系统具有锁止结构。

5.3.5　浇筑平台

5.3.5.1　浇筑平台由施工平台、行走系统、护栏等组成，构造示意见图22，作业示意见图23、图24。

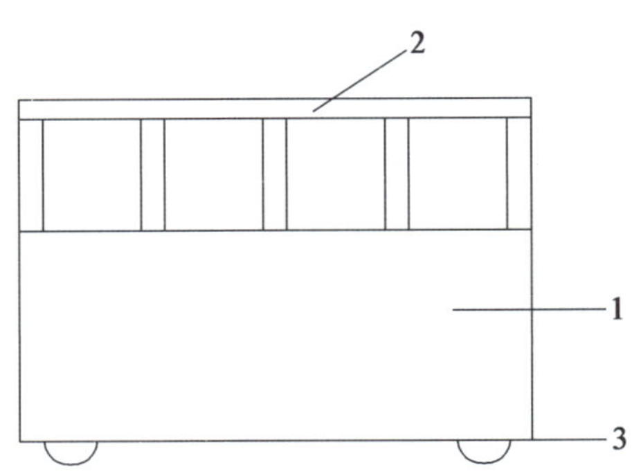

图22　浇筑平台构造示意图

1-施工平台；2- 护栏；3-行走系统

图23　浇筑平台作业示意图1

图24　浇筑平台作业示意图2

5.3.5.2　浇筑平台应具备自动行走、自锁、防滑、高出护栏便于作业人员施工的功能。

5.3.5.3　浇筑平台的性能应满足以下要求：

a)　平台应能够承受0kN～2kN的荷载；

b)　平台应满足安全施工的要求，平台外侧应配置安全护栏，安全护栏应满足《建筑施工高处作业安全技术规范》（JGJ 80）的相关要求。

5.3.6　智能养护系统

5.3.6.1　智能养护系统由无线监测器、移动架、支撑轮、篷布、行走轮、养护管、喷头、连接杆、取水点等组成，构造示意见图25，作业示意见图26、图27。通常以25m护栏为一个养护单元，安装可移动式养护架，根据同时养护区段长度确定串联护栏养护单元数量。

5.3.6.2　智能养护系统每个养护移动架应具有单独监测湿度的功能，能根据监测反馈数据并结合环境温度、养护龄期等自动分析、执行养护指令，形成监测-反馈-分析-执行-再监测的闭路循环流程。

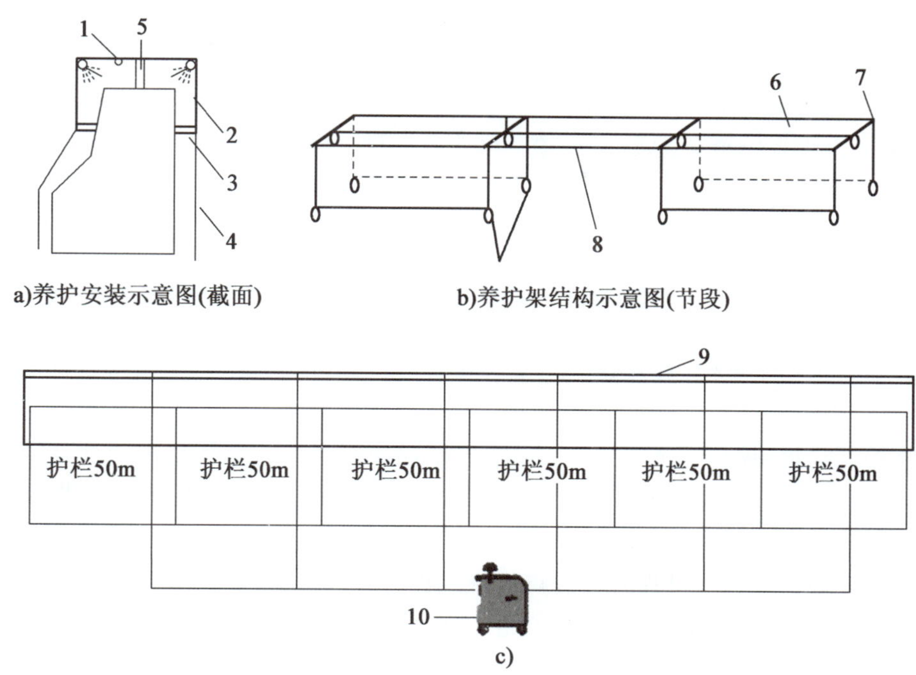

图25　养护系统构造示意图

1-无线监测器;2-移动架;3-支撑轮;4-篷布;5-行走轮;6-养护管1;7-喷头; 8-连接杆; 9-养护管2; 10-取水点

图26　智能养护系统作业示意图

图27　智能养护系统作业示意图(自动喷淋)

5.3.6.3 智能养护系统的性能应满足以下要求：

a) 养护设备应具有能自由往下一个区段滑动的功能；

b) 蓄水池水量应满足不少于1d的养护用水量，并连接外部抽水装置，保证养护用水的供应；

c) 供水量应大于现场蒸发速度，养护喷头间距及数量应满足全覆盖养护要求。

6 原材料

6.1 一般要求

6.1.1 应加强材料进场质量检验，并建立工程材料管理台账，记录生产厂家、出厂日期、进场日期、数量、规格、批号及使用部位。

6.1.2 应严格控制材料料源，所使用材料、半成品、成品应经自检和监理单位工程师抽检合格后方可使用。应建立试验台账，记录取样送检日期、抽样数量、检测单位、检测结果、报告日期及不合格材料的处理情况等内容。

6.1.3 施工单位应做好现场材料临时存放点的规划以及存放场地的具体技术要求，不应在施工场地随意堆放材料；桥面上不应临时堆放材料，并防止对外露钢构件造成污染。

6.1.4 选择地材时，应有法定检测单位出具的碱活性报告，并符合《公路桥涵施工技术规范》(JTG/T F50)的相关规定。

6.2 钢筋、水泥、水

钢筋、水泥、水等的选择、质量性能、技术要求除符合设计要求外，还应符合《公路桥涵施工技术规范》(JTG/T F50)的相关规定。

6.3 钢筋焊接网片

钢筋焊接网片(以下简称“钢筋网片”)的型号、规格、质量技术要求除符合设计要求外，还应符合《钢筋混凝土用钢筋焊接网》(GB/T 1499.3)的相关规定。

6.4 石料

应采用坚硬的碎石或砾石，其最大粒径不超过25mm，含泥量不大于1%。石料进场后应按产地、类别、加工方法和规格等不同情况分批进行检验，其质量应符合《公路桥涵施工技术规范》(JTG/T F50)的相关规定。

6.5 砂

可采用河砂和机制砂，应按《公路工程集料试验规程》(JTG E42)的规定进行取样试验合格，其质量应符合《公路桥涵施工技术规范》(JTG/T F50)的相关规定。宜采用洁净、坚硬、符合规定级配的河砂；当采用机制砂时，其级配、规格、质量指标、到场检验应满足《浙江省交通建设工程机制砂生产(湿法)及机制砂海工混凝土技术指南》或《浙江省交通建设工程机制砂生产(干法)及机制砂混凝土技术指南》(浙交〔2016〕28号)的相关规定。

6.6 掺合料

可采用性能指标符合表1所规定的Ⅰ级、Ⅱ级粉煤灰，进场应有合格证明书及法定检测单位出具的碱含量报告，进场后应取样复试，其质量应符合《用于水泥和混凝土中的粉煤灰》(GB/T 1596)的相关规定。

表 1　粉煤灰分级和性能指标

粉煤灰等级	细度 (45μm 气流筛筛余量) (%)	烧失量 (%)	需水量比 (%)	SO_3 含量 (%)
Ⅰ	≤12	≤5	≤95	≤3
Ⅱ	≤30	≤8	≤105	≤3

6.7　外加剂

外加剂应符合《混凝土外加剂应用技术规范》(GB 50119)的相关规定。有害物含量和碱含量报告应由法定检测单位出具,掺量通过试验确定。当混合使用高效减水剂、引气剂、缓凝剂、膨胀剂等外加剂时,应事先测定它们之间的相容性。

6.8　纤维

水泥混凝土中若掺入钢纤维、聚丙烯腈纤维或两者混杂纤维等,其性能在满足设计文件中相关要求的同时,还应符合《纤维混凝土结构技术规程》(CECS 38)的相关规定。

7　水泥混凝土桥面铺装

7.1　一般规定

7.1.1　专项施工方案除应符合本指南 4.1 的要求外,还应包含基准带的施工和控制内容、钢筋网片的布设。

7.1.2　应重点关注桥面混凝土施工过程中可能出现的离析、泌水等异常情况,及时对生产配合比进行调整,对施工工艺进行优化。

7.1.3　水泥混凝土桥面铺装宜先于现浇混凝土护栏施工。当水泥混凝土桥面铺装和现浇混凝土护栏单幅同向连续施工时,水泥混凝土桥面铺装施工长度应超前现浇混凝土护栏施工 1 联。

7.1.4　水泥混凝土桥面铺装宜采用全幅摊铺,如因设备、工况等影响需设置施工缝的,施工缝应设置在行车道标线处,且应做好相应的防水、接缝处置,基准带不应侵入车道范围。

7.1.5　水泥混凝土桥面铺装钢筋网布设时,应注意钢筋网片的搭接宽度和吊装过程中钢筋网片的刚度。钢筋网片存放应满足设计规范要求,临时存放应下垫上盖。

7.1.6　对于特殊气候条件下的施工,应符合《公路水泥混凝土路面施工技术细则》(JTG F30—2014)第 12 章的规定。

7.1.7　混凝土浇筑前,应密切关注天气情况,施工应避开大雨时段,同时应制订雨季施工措施,并有备用防雨用材或器具。

7.2　施工工艺流程

水泥混凝土桥面铺装机械化施工工艺流程见图 28。

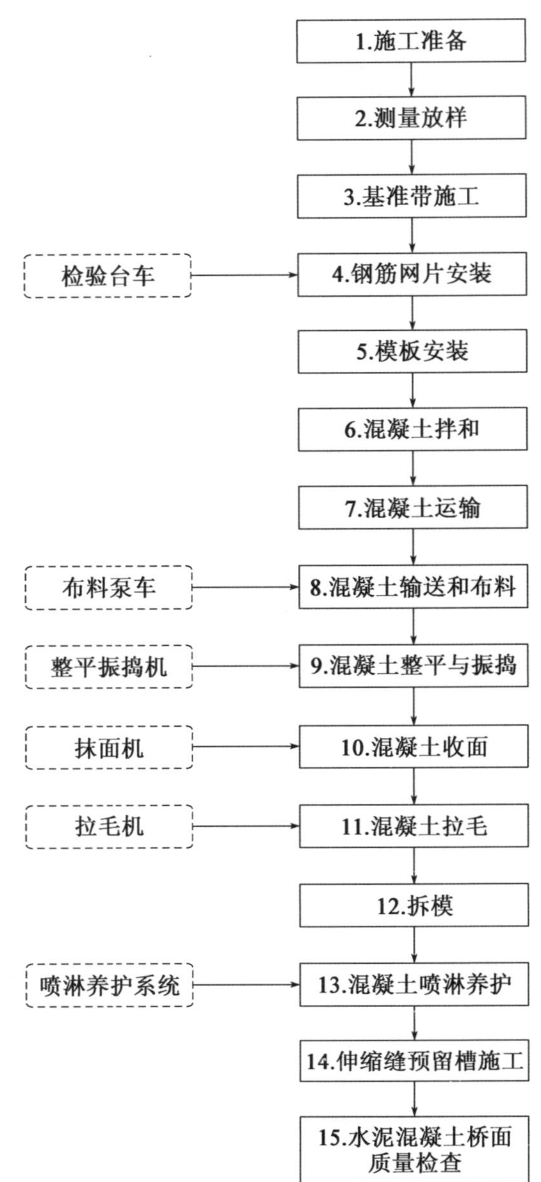

图 28　水泥混凝土桥面铺装机械化施工工艺流程图

7.3　施工工艺

7.3.1　施工准备

7.3.1.1　机械化施工水泥混凝土桥面，应针对现场标准化、机械化、信息化的要求做好桥梁检查、技术准备、人员准备、设备准备、泄水管安装、作业条件准备等工作。

7.3.1.2　应按以下要求完成桥梁检查：

a)　应检查梁板外观质量情况，对存在的梁板混凝土病害按要求进行处治；

b)　应对水泥混凝土桥跨、横坡与纵坡，超高超宽段坡度、方向、宽度等各项技术指标进行复测，确认符合设计要求，对超过规范要求的主梁顶面高程、纵横坡度、平整度等指标，应制订处理方案，报监理单位批准后及时处理，直至复测合格；

c)　应对梁体施工用的孔洞按有关技术要求进行填补。

7.3.1.3　应按以下要求完成技术准备：

a) 施工单位应根据设计图纸、摊铺方式、机械设备、施工条件等,明确混凝土桥面施工工艺流程及标准、施工方法、进度计划、质量安全等保障措施,按照本指南4.1的要求编制详细的专项施工方案;

b) 应对原材料、机械设备、测量仪器、基准线或模板、机具工具及各种试验仪器等进行全面检查、调试、校核、标定、维修和保养,主要施工机械的易损零部件应有适量储备;

c) 施工单位应按照专项施工方案对项目管理人员、技术人员、施工班组进行技术交底,开展首件工程验收;

d) 水泥混凝土桥面铺装首件工程施工总结中,应重点对设备操作要点、资源配置、工序衔接等进行总结分析,验证混凝土配合比、施工工艺等各项参数,对存在的问题提出有针对性的解决措施;优化水泥混凝土桥面铺装施工机械的操作方法,调整施工机械参数,找出工料机的最佳组合参数,提高水泥混凝土桥面铺装施工质量和效率。

7.3.1.4 应按以下要求完成人员准备:

a) 水泥混凝土桥面铺装施工人员工种、班组数量、技能应满足施工需求,施工机具操作人员由技术娴熟的专人担任,机械设备操作人员应定人定岗;

b) 施工前,施工单位应对施工、试验、机械、管理等岗位的技术人员和各工种技术工人进行培训;未经培训的人员不应单独上岗操作。

7.3.1.5 应按以下要求完成设备准备:

a) 水泥混凝土桥面铺装应根据专项施工方案,按照本指南第5章的要求做好施工设备的进场、调试、验收,并完成现场的就位和试用工作,未经验收不得使用;

b) 施工设备应有专人进行管理、使用和日常检查维护工作。

7.3.1.6 应按以下要求完成泄水管的安装:

a) 施工前,应检查梁板预埋的泄水孔预留情况,孔位位置及数量应满足设计要求;

b) 泄水管安装时,管顶高程偏差控制在0mm ~ -3mm;

c) 泄水管安装有松动时,宜采用砂浆灌缝固定,进水口处宜采用高触变型植筋胶粘接。

7.3.1.7 应按以下要求完成现场作业条件准备:

a) 施工单位应做好桥面系施工作业班组现场作业条件的确认和协调工作,现场施工区域功能区分及规划应满足施工组织、标准化管理的需求;

b) 检查水泥、集料、水、钢筋网片等原材料是否符合本指南第6章的要求;

c) 用电设备需满足“一机一闸一漏一箱制”的要求,施工现场配电设施、配电线路架设、施工用电检查评定应符合《施工现场临时用电安全技术规范》(JGJ 46)的相关规定;

d) 水泥混凝土桥面施工前,宜采用高压水枪将梁顶面清洗干净,高压风清除积水,应保证基面湿润且无积水,无杂物;

e) 水泥混凝土桥面铺装机械化成套设备应检查各机械设备部件、用电线路工作状态,接通线路试运转电机等,确保各施工机械设备处于正常状态;

f) 水泥混凝土桥面铺装施工前宜做到桥梁双幅贯通,做好施工车辆的交通组织,规划好各施工机械的临时停靠位置及其他施工车辆的临时通行路线,并设置相应的标识警示牌。

7.3.2 测量放样

7.3.2.1 水泥混凝土桥面测量放样工作包含高程控制网复测,平面位置及高程点测量、放样及核查。

7.3.2.2 水泥混凝土桥面测量放样前,控制网应按以下要求进行测量:

a) 应对全线控制网进行闭合测量,并与相邻标段进行控制网联测复测;

b) 按照不低于一级导线和四等水准的精度要求,将平面控制点和高程控制点引测到稳固处,临时高程点不宜设在桥上,如设置应增加高程点的复测频率;桥位附近1000m范围内不少于3

个平面位置控制点且相互通视,500m 范围内不少于 3 个高程点且相互通视,所有加密点应与上述点位联测闭合并报监理单位审批后使用。

7.3.2.3 按照施工图设计文件进行水泥混凝土桥面平面位置的放样,应按以下要求完成平面线形控制点,同时作为高程测量的测点(该点以下简称"测点")布设:

a) 纵向宜按照直线段 5m、曲线段及变宽段 3m 为一个横断面设置测点;对纵坡变坡点处应增加一个断面测点;当曲线段曲率过大时,内外边线按边线走向每 3m 布设测点;

b) 横断面测点:按照测量控制的方案,确定横向边线,测点布设在横向边线上;对于存在横坡变坡点的桥面,应在变坡位置布设测点;

c) 所有测点应采用红油漆做底色,黑色马克笔标记中心点,并标明相应桩号及能明确具体高程的测点号,边线用墨线连接;测设、放样完毕,应采用不同方法对现场关键控制位置进行校核。

7.3.2.4 按照施工图设计文件及以下要求完成高程测量放样:

a) 对本指南 7.3.2.3 确定的所有测点计算其设计高程;

b) 现场完成水泥混凝土桥面高程测设,按照符合施工方法的放样要求计算铺装混凝土的顶面高程;

c) 高程测量完毕,应采用不同的方法对现场关键控制位置进行校核。

7.3.2.5 施工放样过程中,技术人员宜在现场对测量人员提供的测量数据进行复核,当天的测量记录应当天复核完成,未经复核的测量资料不得使用。

7.3.2.6 应保护好场地的水准点、导线点及放样完成的控制点。

7.3.3 基准带施工

7.3.3.1 基准带宽度应不大于 50cm,基准带与后浇筑段接缝位置应布置在车道外侧;基准带的所有参数应与该位置的桥面设计参数一致,外侧边线应设置于混凝土防撞杆护栏内边线处,且不应侵入现浇混凝土护栏范围,便于护栏模板安装;横坡应与设计横坡相同,避免桥面积水,确保后浇段高程精度。

7.3.3.2 施工前应明确基准带的施工方法,确定基准带的平面位置、高程,制订基准带与后续桥面接缝的质量控制措施。

7.3.3.3 基准带施工包含基准带的测量放样、安装钢筋网片、立侧模板和端模、混凝土施工、养护等工作。

7.3.3.4 应根据基准带专项施工方案,按照本指南 7.3.2 的规定及以下要求完成基准带的测量放样:

a) 每个横断面设置 2 个测点,分别位于基准带两侧边线上,测量各测点的平面坐标和高程,严格控制基准带的平面位置和顶面高程;

b) 每个测点处预埋高程控制钢筋,钢筋宜采用直径不小于 10mm 的圆钢或螺纹钢,同时根据测点高程计算出基准带顶面高程并用红漆标记,基准带施工前用拉线控制顶面高程。

7.3.3.5 基准带施工前,应按照专项施工方案确定的基准带处钢筋网片布设方案和本指南 7.3.4 的要求,调整基准带钢筋网片范围内的剪力筋,安装钢筋网片,钢筋网片的搭接应符合本指南 7.3.4.6 b)的规定。

7.3.3.6 应按以下要求完成基准带的施工:

a) 基准带施工前,应按照本指南 7.3.1 的要求完成技术、人员、设备、现场施工准备,梁顶杂物应清理干净,基准带位置湿润且无积水;如涉及泄水孔的位置,应按本指南 7.3.1.6 的要求完成泄水管的安装;

b) 基准带模板应按照本指南 7.3.5 的要求进行安装,模板顶面应按本指南 7.3.3.4 中测点处预埋高程用控制筋拉线齐平,并应在侧模上贴止浆筛网,防止漏浆;

c) 混凝土拌和、运输、输送和布料、整平与振捣、收面、拆模、养护等,应按照本指南 7.3.6 ~ 7.3.10及 7.3.12、7.3.13 的要求进行;施工时,技术人员应重点巡查并确保模板顶面高程与拉线一致，否则应暂停施工并重新调整模板直至满足要求，基准带不宜进行拉毛处理；

d） 当基准带混凝土达到设计强度的40%后，方可在混凝土面上行走，达到设计强度后方可在混凝土面上进行作业；

e） 拆模后，应对护栏侧及桥面侧接触面的松散混凝土或水泥浆进行清理；

f） 混凝土强度满足凿毛要求后，应对两侧混凝土接触面的混凝土进行凿毛清理，湿润并涂刷水泥浆；

g） 后续混凝土布料摊铺前，应采取覆盖塑料薄膜等方式对基准带进行保护，防止后浇混凝土污染基准带，并在施工过程中及时清理基准带上的残留混凝土。

7.3.3.7 应按以下要求完成基准带的检验工作：

a） 施工完成后，应对基准带高程及平整度进行复测，如基准带测量高程不满足设计要求，宜打磨或重新工基准带；

b） 顶面横坡、平整度应满足设计要求，两侧边线的线形应顺直；

c） 基准带位置应符合专项施工方案的要求；

d） 基准带钢筋网外露长度应需满足搭接宽度的要求，并有保护钢筋不变形的相应措施。

7.3.4 钢筋网片安装

7.3.4.1 当基准带水泥混凝土符合本指南7.3.3.6 d）的要求时，方可进行钢筋网片的安装工作。

7.3.4.2 钢筋网片安装包含基准带外露钢筋网片调直、剪力筋调整、碎屑清理、钢筋网片现场吊装、配置架立钢筋、绑扎、检查等工作。

7.3.4.3 应按照钢筋验收要求，调直基准带外露的钢筋网片。

7.3.4.4 钢筋网片安装前，应按照以下要求全面检查调整桥面剪力筋：

a） 按照放样结果进行拉线，采用专用撬棍调整预埋剪力筋高度（作业示意见图29、图30），对损坏、漏埋的剪力筋进行补植；过高的剪力筋偏向宜与行车方向相反，过低的剪力筋应进行补植。

图29 专用撬棍作业示意图1

图30 专用撬棍作业示意图2

b） 使用钢筋网位置检查台车按照以下要求全面检查调整桥面剪力筋：

1） 在铺设钢筋网片前，通过观察检查台车行走过程中检验拨片与剪力筋的相对位置关系，检查并调整待施工桥面所有区域的剪力筋；

2） 钢筋网片位置检查台车以基准带为行走基面；在检查过程中通过调整前高度检验拨片、高度调整标准杆的高程，使其与设计剪力筋顶高程一致，用以检测剪力筋位置的准确性；

3） 检查宜按照水泥混凝土桥面铺装施工顺序进行，从起始位置开始，启动行走系统电机，安排专人仔细观察检验拨片与剪力筋相对位置情况，台车行走速度宜为5m/min～10m/min；

4) 台车行走过程中,检验拨片以紧贴剪力筋并不受剪力筋阻碍为标准,如剪力筋过低或过高则暂停检查台车,通过人工采用专用撬棍调整剪力筋、增设架立筋或混凝土垫块来调高剪力筋,向行车反方向倾斜调低剪力筋;

5) 依次逐排检查、调整剪力筋,完成待施工桥面所有区域剪力筋的检查调整;

6) 台车按照上述要求,返回复检一次,直至满足要求。

7.3.4.5 桥面剪力筋经检查符合后,应对桥面施工区域范围内遗留的碎屑进行清理。

7.3.4.6 钢筋网片采用专用拖车转运至现场,采用人工配合机械进行整片运输,运输过程中确保钢筋网片无局部挠曲变形,并由人工进行调整固定。钢筋网片吊装铺设时应满足以下要求:

a) 钢筋网片长边方向宜与横桥向一致,并垂直于线路前进方向铺设,钢筋网片中最外侧钢筋中心至接缝或自由边的距离不宜小于100mm;

b) 钢筋网片搭接、钢筋网片与剪力筋之间采用平搭法搭接(图31),即将一张钢筋网片的钢筋镶入另一张钢筋网片,使两张钢筋网片的纵向和横向钢筋各自在同一平面内搭接;搭接长度不小于20*d*(*d* 为钢筋直径)且不小于200mm,并用扎丝绑紧,避免平搭法出现交叠的情况;

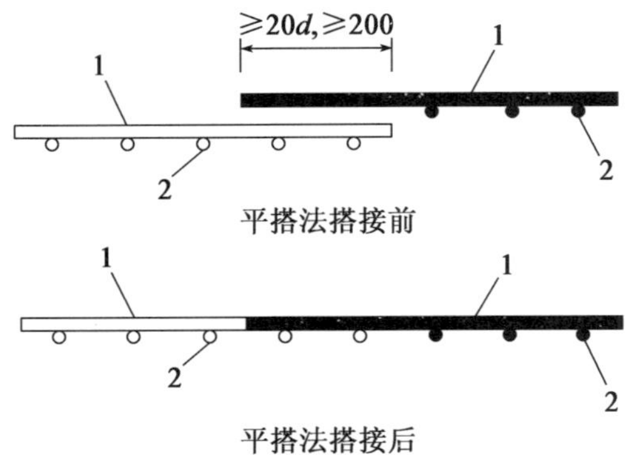

图31 钢筋网片搭接示意图(尺寸单位:mm)

1-网片搭接钢筋;2-网片钢筋

c) 钢筋网片应错位铺设,断面搭接接头不宜大于50%,纵向接头不宜设置在桥梁负弯矩最大处;

d) 对于主桥面钢筋网片,宜沿主桥的宽度方向布网,钢筋网片的长度方向与桥面梁的长度方向平行;布网时先确定墩顶位置的钢筋网片,相邻钢筋网片的横向搭接一般相互错开;

e) 对于跨线桥和匝道桥的钢筋网片,由于跨线桥和匝道桥一般为单车道或双车道,桥面宽度不大但弯曲较多,钢筋网片布置时先布置墩顶钢筋网片,然后沿桥的长度方向布置桥面钢筋网片;对于斜桥、渐宽桥、Y 形桥等形状不规则桥面,一般沿桥面行走的方向布置钢筋网片;

f) 对于不规则的边缘部位,可采用如下方法解决:一是将钢筋网片尺寸放大,将多余的钢筋网片剪去,二是采用手工局部绑扎;

g) 对于菱形桥面,布网时按照矩形布置,安装时将多余部分剪下,剪下部分则安装于另一侧缺少的地方。

7.3.4.7 钢筋网片应配置架立钢筋,架立钢筋应能承受拌合物堆压、施工机械及混凝土的扰动,确保钢筋网基本不下陷、不移位;其形式分为Ⅰ型、Ⅱ型(图32),可根据实际情况进行选择,确保钢筋网片位置稳固;桥面剪力筋可兼作架立钢筋使用;架立钢筋布置数量宜为3个/m^2~4个/m^2,架立筋的直径宜大于8mm且不低于剪力筋直径,高度根据桥面铺装厚度、钢筋网保护层厚度、桥面钢筋网直径计算确定。

7.3.4.8 钢筋网片采用绑扎连接,必要时采用点焊焊牢,避免钢筋网片上浮下沉;对钢筋网片局部翘曲等部位宜通过植筋的方式与钢筋网片进行固定连接。钢筋网片绑扎及绑扎接头的搭接长度应符合《公路桥涵施工技术规范》(JTG/T F50)的相关要求。采用扎丝绑扎时,扎丝丝头不应侵入混凝土保护层内。

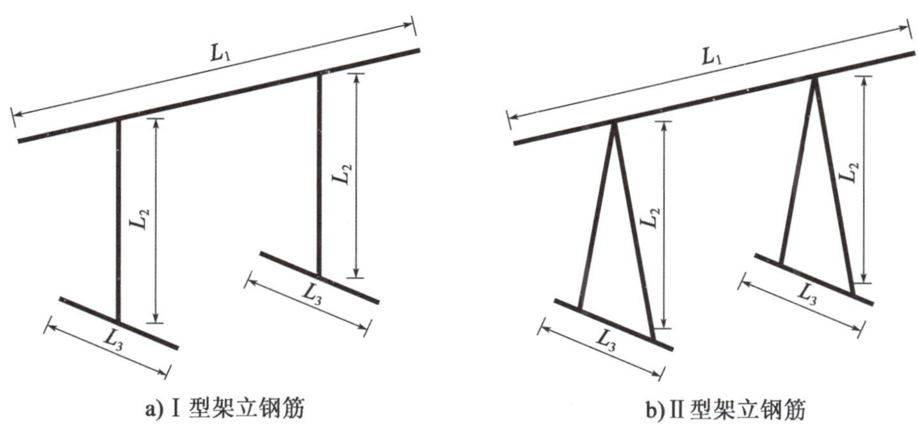

a) Ⅰ型架立钢筋　　b) Ⅱ型架立钢筋

图 32　架立钢筋示意图

注：L_1 宜为 15cm ~ 20cm；L_3 宜为 10cm ~ 15cm；L_2 根据桥面铺装厚度、桥面钢筋保护层厚度、桥面钢筋网直径计算确定。

7.3.4.9　钢筋网片铺设完成后，通过观察检查台车行走过程中检验拨片与钢筋网的相对位置关系，检查并调整钢筋网的位置，从而确保保护层厚度。检查人员应根据设计以及本指南 9.1.1 的要求，使用检查台车、塞尺、钢卷尺，按本指南 7.3.4.4 b）的方法进行自检和调整，钢筋网片高程偏差不超过 ±3mm，对存在问题的钢筋网片应重新安装，检查作业示意见图 33 ~ 图 35。

图 33　检查作业示意图 1

图 34　检查作业示意图 2

图 35　检查作业示意图 3

7.3.4.10　钢筋网加工及安装完毕，应按照《钢筋混凝土用钢　第 3 部分：钢筋焊接网》（GB/T 1499.3）的相关规定进行检查。

7.3.4.11　经检测合格的桥面钢筋网，宜尽早组织水泥混凝土的施工，未施工前应采取保护措施，避免人员踩踏,防止钢筋网变形。

7.3.5 模板安装

7.3.5.1 水泥混凝土桥面铺装主体部分一般以两侧基准带为侧模板,模板安装工作包括端头模板安装和检查。

7.3.5.2 侧模模板宜采用带卡槽槽钢,不应采用厚度小于 1cm 的钢板,模板刚度应满足施工要求,卡槽间距根据钢筋网片间距进行设置;侧模安装好后,宜在侧模上贴止浆筛网,防止漏浆;端头模板采用钢模,并与侧模板垂直齐平;模板单元长度应满足线形控制要求,并与安装设备相匹配。模板的加工精确度应符合表 2 的规定。

表 2 模板加工精度表

项 目	高度(mm)	垂直边夹角(°)	顶面平整度(mm)	侧面平整度(mm)	纵向变形(mm)
偏差值	±1	±2	±1	±2	±2

7.3.5.3 应按照以下要求进行模板安装:

a) 模板与混凝土拌合料接触的表面应涂脱模剂或隔离剂;

b) 接头处应粘贴胶带或采用塑料薄膜等进行密封;

c) 每米模板应设置不少于 1 处支撑固定装置,固定示意见图 36;

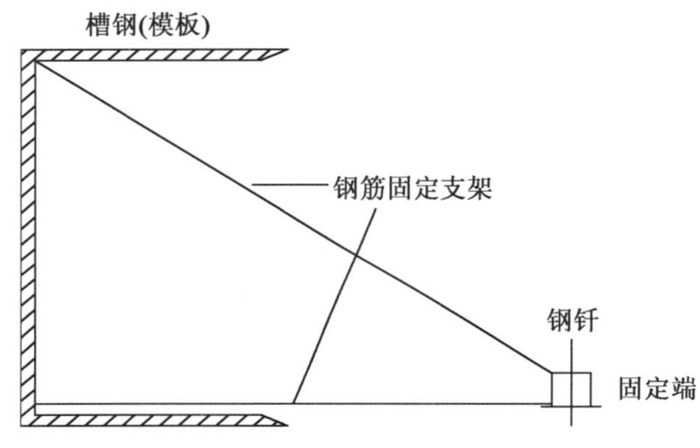

图 36 模板固定示意图

d) 当模板悬空时,应采用同强度等级水泥砂浆在模板的外侧进行悬空处理。当模板高程高出设计高程时,若为局部点,可适度凿底降低高程;若为区段,宜更换钢模板。

7.3.5.4 对横向存在变坡点时,宜设置在变坡点位置,并避开车轮轨迹位置。

7.3.5.5 模板安装完成后应固定牢固,模板间的连接须紧密平顺,不应有错缝、错位和不平顺现象。

7.3.5.6 模板安装完毕,应进行模板检验,其安装精确度应符合表 3 的规定。

表 3 模板安装精度表

项目	平面偏位(mm)	摊铺宽度(mm)	纵断面高程(mm)	横坡(%)	相邻板高差(mm)	顶面接茬 3m 直尺平整度(mm)	模板接缝宽度(mm)	侧向垂直度(mm)	纵向顺直度(mm)
偏差值	≤5	≤5	±5	≤ ±0.1	≤1	≤1	≤2	≤2	≤2

7.3.6 混凝土拌和

7.3.6.1 混凝土原材料应符合本指南第6章的规定，应按照试验段批准的混凝土配合比进行下料；当原材料发生变化时，应按照《公路工程混凝土配合比设计规程》（DB33/T 999）的相关规定重新进行混凝土配合比设计。

7.3.6.2 混凝土应在场内采用强制性搅拌机集中拌制，拌和效率应满足施工需要，拌和时间应符合试验段批准的拌和时间要求。

7.3.7 混凝土运输

7.3.7.1 混凝土运输采用混凝土罐车，运输要求应满足《公路桥涵施工技术规范》（JTG/T F50）的相关要求；运输至现场的混凝土应具有适宜摊铺的性能；混凝土罐车及其他施工机械不应停放于待铺装混凝土的桥面上。

7.3.7.2 混凝土浇筑前应进行坍落度检测，检测方法应符合《普通混凝土拌合物性能试验方法标准》（GB/T 50080）的相关要求，检测坍落度应符合试验段批准的坍落度。

7.3.7.3 应根据《公路工程质量检验评定标准　第一册　土建工程》（JTG F80/1—2017）附录D、《普通混凝土拌合物性能试验方法标准》（GB/T 50080）的相关规定，制作水泥混凝土桥面铺装混凝土的标准养护试件来测定抗压强度等性能指标。

7.3.8 混凝土输送和布料

7.3.8.1 水泥混凝土通过布料泵车进行输送和布料，作业示意见图37。

图37　布料泵车作业示意图

7.3.8.2 应按照以下要求进行混凝土布料：

a）作业前应全面检查设备，安装应符合技术要求，管道接头应连接牢固，密封可靠；

b）泵送混凝土前应先用砂浆润滑管道，混凝土用量为0.5m^3/200m、配合比为1：1（砂：水泥）；泵送砂浆时应将油泵排量调至最小，泵送砂浆完毕后，再倒入泵送混凝土（将排量调到适当位置），不应将砂浆泵送至桥面混凝土铺装层；

c）混凝土布料顺序，横向从较低侧向较高侧进行，纵向从较低一端向较高一端推进；

d）应有专人指挥车辆均匀布料，布料速度应与混凝土整平和振捣相适应，不适应时应适当调整布料机械，出料口高度和布料速度应符合试铺确定的参数，布料宜一次完成。

7.3.9 混凝土桥面整平与振捣

7.3.9.1 应采用整平振捣机和人工配合进行水泥混凝土桥面的整平与振捣，包括激光扫平仪安装、基础数据的输入、整平与振捣以及停工处理等工作，作业示意见图38。

图38　整平与振捣作业示意图

7.3.9.2　混凝土宜整联一次浇筑完成，因特殊情况需分段浇筑时，横向施工缝宜设置在桥梁弯矩最小处，且应垂直于线路方向，采用竖缝，并按照本指南7.3.5的要求进行模板安装。

7.3.9.3　将整平振捣机转运至施工区域，按照本指南第5章的要求进行安装、验收和试运转，确保整平振捣机各项技术指标符合本指南第5章的规定。整平振捣机宜选配能一次完成2车道～3车道宽度，其主要性能应符合本指南5.2.3的规定，轴长宜较铺装混凝土宽度长出600mm～1200mm，并处于良好状态。

7.3.9.4　应按照以下要求进行整平振捣机的数据处理：

a）激光扫平仪发射器宜架设在无施工区域，架设高度应在1.8m～2.5m之间，纵向Y轴对准与施工路面平行的位置，打开激光扫平仪电源；

b）利用手持接收器测定边桩的高程数据后，将手持接收器与整机框架上的高度线对齐，操作机体油缸，调整整平振捣机辊轴至设计位置；

c）根据设计高程、纵横坡率，测量人员应将基础数据存储在激光扫平仪数据库里，以动态调整桁架姿态。

7.3.9.5　应按照以下要求进行混凝土桥面的整平与振捣：

a）整平振捣机作业应按单元分段进行，单元长度宜为20m～30m，相邻单元之间摊铺整体时间间隔不宜超过30min。

b）整平振捣机的前进、后退通过电箱的前进、后退按钮操作，整平混凝土时先开启油泵，依次开启自动摊铺模式，正循环前进即可；当整平振捣机偏离轨道时，可通过左右侧的电机启停按钮调整机器的行进方向。

c）整平和振捣应紧跟混凝土拌合料的布料，并按布料顺序及以下要求开始作业，振动梁宜进行2次～3次后退前进，保证调平层平整，并在混凝土初凝前完成整平振捣工作：

1）整平振捣机起始位置宜距离横桥向模板50cm～80cm，防止整平振捣机在整平振捣过程中扰动模板；

2）整平振捣机的行进速度应根据混凝土的坍落度由变频调速系统进行适当调整，宜控制在3m/min～4m/min，机器运行时要及时观察激光接收器信号是否正常，如发现异常应及时排除故障；

3）应垂直于路面中线，采用前进振动、后退静滚方式作业，往返纵移4次进行混凝土整平，使表面无凹陷、虚浆，表面混凝土密实均匀、平整度符合要求为止；最佳滚压遍数应符合试铺确定的遍数；在振平过程中，缺料处应使用同一强度等级混凝土拌合料填补，不应使用纯砂浆填补；

4） 施工过程中应通过人工动态调整桁架前混凝土，使混凝土顶面比辊轴高 5mm ~ 10mm，过高时应铲除，过低时应及时补料，利用整平振捣机自重对混凝土进行压实，提高铺装层平整度；整平时，不应抛掷和搂耙，防止拌合物离析；

5） 每段落混凝土整平完成后，应将整平振捣机行走至段落外，不应在新整平混凝土上长时间停留；

6） 对于模板边、接缝、泄水孔等边角部位，应辅以人工振捣及整平，避免局部不平整导致层间积水；对于泄水孔进水口附近，应有利于桥面积水和渗入水的排除。

d） 整平振捣机使用完成后，应及时清洗、清理整平振捣机上的残留混凝土，并对整平振捣机进行保养。

7.3.9.6 停工 1h 以上或达到 2/3 初凝时间，应在已铺筑好的面板端头设置施工缝，废弃不能被振实的拌合物。

7.3.10 混凝土收面

7.3.10.1 混凝土收面应采用抹面机进行，作业示意见图 39。

图 39 抹面机作业示意图

7.3.10.2 抹面机应符合本指南 5.2.4 的规定，同一施工合同段宜采用同厂家、同型号规格的抹面机。作业前应对抹面机进行试运转，确保机械处于良好状态。

7.3.10.3 施工前应对易损件进行检查，应及时更换损坏的构件。抹面机宜 2 台 ~3 台同时作业，每台机械配置 1 人操作。

7.3.10.4 应按照以下要求进行混凝土收面：

a） 混凝土收面宜在初凝后终凝前进行，施工时间应符合试铺确定的时间，施工现场可根据 3mm ~5mm 的指压下沉深度进行定性确定；因混凝土整平分单元进行，在抹面机收面时应按照整平单元进行，并由专人指挥，防止未初凝部位混凝土受压凹陷；

b） 抹面机起始位置应距离模板 20cm ~30cm，防止抹面机碰撞模板，模板边缘混凝土采用人工收面；抹面机刀盘启动后在同一位置停留时间不应超过 2s，抹面机行走速度宜为 15m/min ~ 20m/min，相邻抹面机纵向距离 5m ~6m；

c） 抹面机的移动轨迹宜与混凝土整平方向相同，沿纵向移动，宜由两边向中心移动，路线应平直连续，收面重叠区域不低于一个刀盘面积或不低于 50cm，并往复进行 3 次抹面；

d） 磨光时应先粗磨、后细磨，底部磨盘粗磨之后，待地面适合细磨时去掉磨盘，采用抹刀细磨；粗磨时调至慢速挡，应减小压光尺与混凝土表面的角度，保持平整；精磨时，适当增大转速和压光尺与混凝土表面的角度，直至混凝土面平整为止；当主抹刀变形、损坏不符合水泥混凝土桥面铺装平整度要求时，应及时更换；

e) 及时对整平振捣机停留位置采用座驾式抹面机整平收面。

7.3.10.5 每次使用完毕应及时清理机具,尤其抹刀要保持干净,以防施工中划伤混凝土表面,并存放在干燥清洁及没有腐蚀的环境中。

7.3.11 混凝土拉毛

7.3.11.1 混凝土拉毛应采用拉毛机进行,作业示意见图40。

图40 拉毛机作业示意图

7.3.11.2 拉毛机各项技术参数应符合本指南5.2.6的规定,拉毛宜采用耐磨、具有韧性的塑料刷或钢刷。拉毛毛刷宽度宜为30cm~40cm。施工前对设备进行试运转,确保设备处于良好状态。

7.3.11.3 应按照以下要求进行混凝土拉毛:

a) 宜将基准带作为混凝土拉毛机行走基面;

b) 拉毛机就位后,通过高程调节杆件调整拉毛毛刷高程,使其满足拉毛深度要求,并结合首段拉毛情况进行适度调整毛刷高程;拉毛毛刷横桥向可移动宽度应较摊铺混凝土面两侧超出20cm~30cm;启动拉毛机电机前,拉毛毛刷应位于拉毛机一侧端部;

c) 拉毛机紧跟抹面机后进行作业,拉毛机应两侧均匀推进,并在混凝土终凝前完成,水泥混凝土桥面铺装纵向拉毛顺序与混凝土摊铺整平顺序相同;

d) 启动拉毛转动带电动机,拉毛毛刷从一端沿另一端匀速传动,毛刷与新浇筑混凝土面接触后即开始进行拉毛作业,拉毛速度宜控制在8m/min~12m/min,或根据试验参数进行调整;横桥向拉毛应一次拉通;拉毛应连续、均匀、线形连贯,深度为1mm~2mm;拉毛深度不足时,宜沿同一方向二次拉毛;

e) 第一节段拉毛完成后,关闭毛刷启动电机,启动行走系统,将拉毛机行走至下一拉毛区段,下一拉毛区段应与上一拉毛区段搭接2cm~3cm,确保拉毛质量;重复上述c)、d)步骤,直至完成铺装段拉毛作业;

f) 对边角等局部拉毛不足的部位,采用人工拉毛的方式使拉毛符合要求。

7.3.11.4 拉毛完成后做好成品保护,避免人为踩踏。

7.3.12 拆模

7.3.12.1 混凝土浇筑完毕,应在混凝土抗压强度大于2.5MPa后进行拆模。

7.3.12.2 混凝土拆模宜人工进行,拆模不应损坏板边、板角。模板拆卸宜使用专用拔楔工具,不应使用大锤强击拆卸模板。

7.3.12.3 拆下的模板应将粘附的砂浆清除干净,并矫正变形或局部损坏,矫正精度应符合表2的要求。

7.3.13 混凝土喷淋养护

7.3.13.1 混凝土养护采用无纺土工布覆盖与喷淋养护系统，喷淋养护系统作业示意见图41～图43。养护过程中，应随养护区域动态调整养护箱的位置。

图41 喷淋养护系统作业示意图1

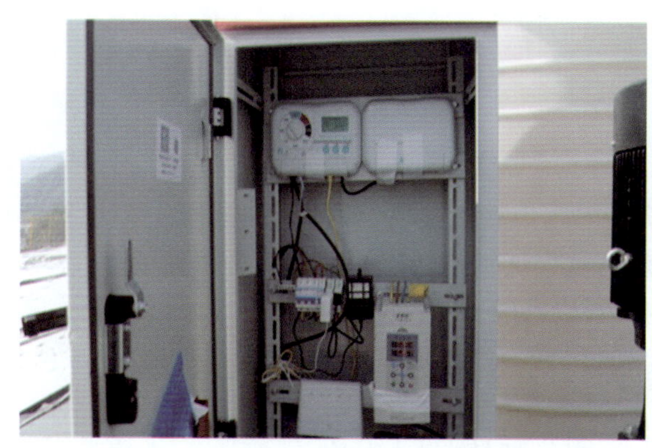

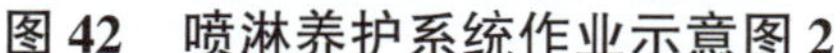

图42 喷淋养护系统作业示意图2

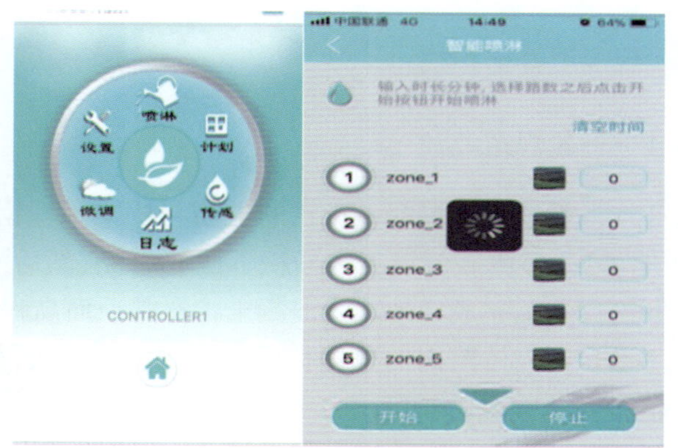

图43 喷淋养护系统作业示意图3

7.3.13.2 喷淋养护系统应满足本指南第5章要求，土工布应满足透水性好、质量不小于200g/m^{2}的要求。

7.3.13.3 应按照以下要求进行混凝土喷淋养护：

a) 混凝土拉毛完成后覆盖土工布；

b) 喷淋养护应由专人负责，喷淋养护系统使用过程中发生堵塞时应及时清理，局部喷淋养护不到边、存在盲区等情况应及时补增、调整喷头，并结合人工洒水保湿养护；

c) 对用水条件受限的施工区，喷淋养护系统宜设置不小于5m^{3}的储水罐、增压水泵等，保证养护用水量及喷淋水压；

d) 喷淋时间应根据试验段确定的时间并结合温度、湿度情况进行调整设定，养护时间不少于7d；温度小于或等于5℃时，不应向混凝土面上洒水。

7.3.13.4 混凝土铺装层养护初期，不应人、畜、车辆通行，在达到设计强度40%后，行人方可通行。混凝土强度达到设计弯拉强度后，方可开放交通，桥面通行车辆车速不宜大于10km/h。施工完的桥面应避免重车通行，防止车辆扰动造成铺装层开裂。

7.3.14 伸缩缝预留槽施工

7.3.14.1 对伸缩缝预埋钢筋位置、间距、高度、数量、规格进行全面检查，及时将伸缩缝槽区部位及板缝内的杂物清理干净。

7.3.14.2 应在板缝内填塞泡沫板，铺垫1层～2层土工布，以防止伸缩缝临时填料、混凝土浆液渗入板缝。

7.3.14.3 施工时应采取措施，夯实临时填料并不应压弯伸缩缝预埋钢筋。

7.3.14.4 伸缩缝预留槽应及时采用低强度等级的水泥混凝土进行浇筑，混凝土浇筑高程应与水泥混凝土桥面铺装顶面齐平。伸缩缝预留槽两端应采用厚度为20mm的泡沫板进行隔离，以保证梁板的收缩不受影响。

7.3.15 质量检查

混凝土桥面应按照《公路桥涵施工技术规范》(JTG/T F50—2011)第21.5.3条进行检查，检查内容如下：

a) 水泥混凝土桥面铺装表面砂浆厚度不大于5mm；

b) 混凝土收面后不产生凹陷；

c) 水泥混凝土桥面铺装表面无脱皮、印痕、裂纹、骨料外露等缺陷；

d) 桥面及伸缩缝处排水通畅，不应有积水。

8 现浇混凝土护栏

8.1 一般规定

8.1.1 就地现浇混凝土护栏的主筋与桥梁预埋钢筋应采用焊接连接，桥面与护栏混凝土接触基面应凿毛处理，显露新鲜混凝土面积不低于75%，然后高压清洗保证护栏与桥面混凝土可靠黏结。

8.1.2 施工完成后的现浇混凝土护栏其顶面高程和位置应准确，位于弯道上的护栏线形应平顺。

8.1.3 同一桥跨内的单侧护栏宜一次浇筑完成，护栏宜以联为单元进行施工，护栏模板数量应不少于2倍最大单元浇筑长度。

8.1.4 护栏钢筋存放应满足设计和《公路桥涵施工技术规范》(JTG/T F50)的相关要求，现场半成品存放应下垫上盖，钢筋临时吊具应符合相关规定。

8.1.5 通过现浇混凝土护栏排水的，泄水孔埋设应符合设计要求。

8.1.6 在桥梁伸缩缝位置，浇筑现浇混凝土护栏前，应根据伸缩缝构造要求设置好槽口并安装固定模板，确保一次成型，避免后期因机械凿除对梁板或护栏造成伤害。

8.1.7 浇筑现浇混凝土护栏前，应按设计要求确定护栏胀缝、假缝的预埋位置，核查相关预留预埋件设置，避免遗漏。

8.1.8 对于桥台侧墙现浇混凝土护栏，应检查护栏预埋钢筋与路线走向是否一致，并防止浇筑后护栏侵入建筑限界。

8.2 护栏施工流程

护栏施工流程见图44。

8.3 施工工艺

8.3.1 施工准备

8.3.1.1 护栏施工前，应做好现场复查、技术准备、人员准备、设备准备、作业条件准备等工作，完成混凝土护栏中伸缩缝排水管的埋设。

8.3.1.2 应按照以下要求完成现场复查工作：

a） 应熟悉设计资料，复核现浇混凝土护栏的平面位置、高程、预埋筋位置和结构尺寸，并确保桥面净宽；

b） 施工前，应对现浇混凝土护栏的预埋钢筋进行复检，对缺、漏、错位的钢筋应采取措施整改到位后方可进行施工。

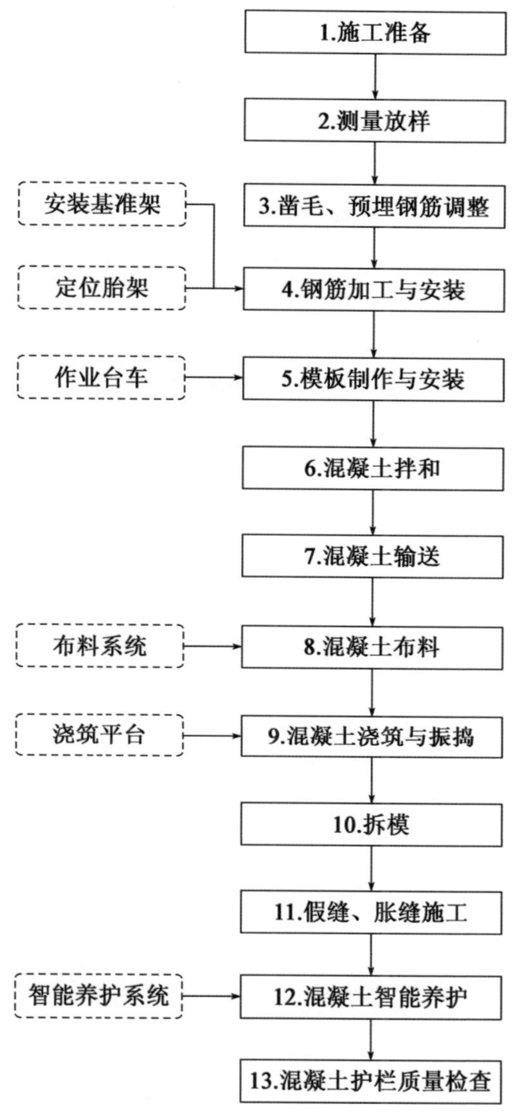

图 44 护栏施工流程图

8.3.1.3 应按照以下要求完成技术准备工作：

a） 桥面护栏在施工前，应组织项目管理、技术人员和施工班组重点对桥面护栏结构形式，预留预埋构件类型、分布及用途，胀缝布置等设计参数进行复核和确定，具有桥面护栏保护层厚度、外观、混凝土性能等质量控制措施，对桥面混凝土外观质量、桥面护栏裂缝等质量通病提出解决措施，明确施工工艺，制订切实可行的专项施工方案；

b） 施工单位在现浇混凝土护栏施工前，应制订切实可行的技术方案及安全措施，并分级对施工管理人员、技术人员、机械设备操作人员、施工班组进行技术交底；

c） 施工前，应对桥面护栏施工进行风险源识别，制订临时用电、高处作业安全防范措施，落实施工现场安全保证措施。

8.3.1.4 应按照以下要求完成人员准备工作：

a） 桥面护栏施工人员工种、数量、技能应满足施工需求，施工机具操作人员由技术娴熟的专人担任，机械设备操作人员应定人定岗；

b） 施工前，施工单位应对施工、试验、机械、管理等岗位的技术人员和各工种技术工人进行培训，未经培训的人员不得上岗操作。

8.3.1.5 应按照以下要求完成设备准备工作：

a） 桥面护栏施工设备应满足施工需求，符合本指南第5章的规定，并应经检查验收后方可使用；

b） 应由专人负责使用、日常维护和保养。

8.3.1.6 应按照以下要求完成现场作业条件准备工作：

a） 施工单位应做好护栏施工作业班组现场作业条件的确认和协调工作，现场施工区域功能区分及规划应满足施工组织、标准化管理的需求；

b） 施工用原材料、临时用电布置应符合本指南7.3.1.7的规定；

c） 安装基准架、定位胎架、作业台车、布料系统、浇筑平台、智能养护系统等设备装置经试运转完成且处于良好状态；

d） 桥面护栏施工前，宜先完成整联水泥混凝土桥面铺装层的施工；施工时做好施工车辆的交通组织，规划好各施工机械的临时停靠位置及其他施工车辆的临时通行路线，并设置相应的标识警示牌。

8.3.1.7 在护栏混凝土施工前，应按照以下要求完成混凝土护栏中伸缩缝排水管的埋设：

a） 应在伸缩缝上坡向低侧现浇混凝土护栏范围槽口混凝土内埋设DN30mm UPVC（硬聚氯乙烯）管，挑出护栏5cm，并设置不小于10°的横坡；

b） UPVC管槽口略低于碎石盲沟底面，确保桥面层水可从管内排出；

c） 应采取措施在伸缩缝槽口混凝土浇筑时，防止漏浆堵塞UPVC管，确保管内通畅；

d） 排水管布置示意见图45、图46。

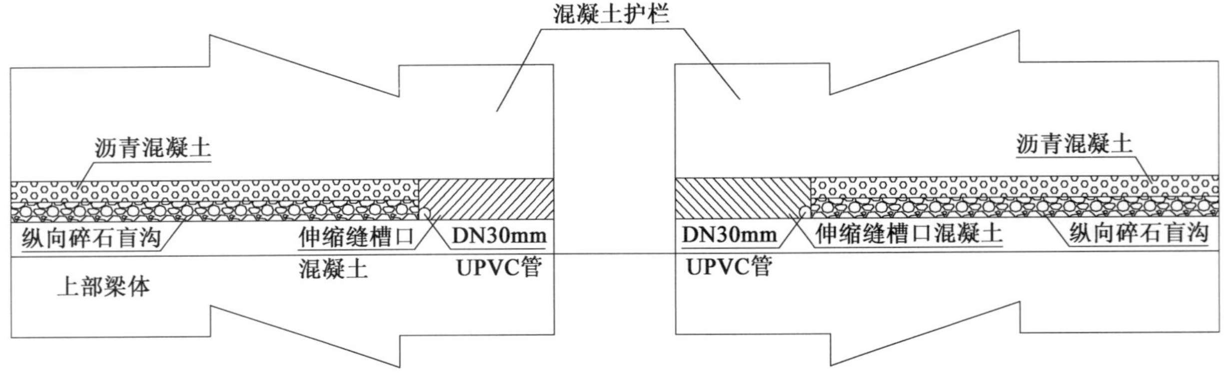

图45 混凝土护栏伸缩缝处排水布置示意图

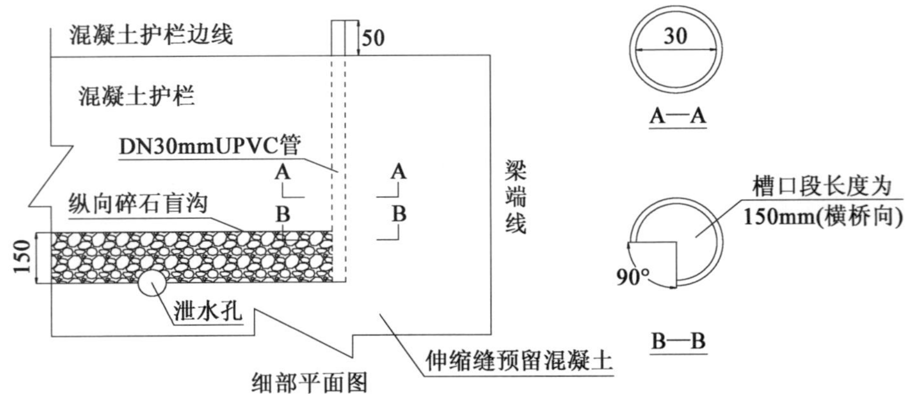

图46 混凝土护栏伸缩缝处排水布置细部平面示意图（尺寸单位：mm）

8.3.2 测量放样

8.3.2.1 混凝土护栏测量放样工作包含高程控制网的复测,平面位置及高程点的测量、放样及核查。

8.3.2.2 混凝土护栏测量放样前,控制网应按本指南7.3.2.2的要求进行测量,如已有水泥混凝土桥面控制网的测量成果,可直接使用。

8.3.2.3 模板安装前,按照施工图设计文件及放样方案进行混凝土护栏平面位置的放样,应沿水泥混凝土桥面铺装层进行纵向放样,测点在直线段宜不大于5m、曲线段不大于3m,并用墨线做标记,标识出混凝土护栏浇筑区域。

8.3.2.4 应按照施工图设计文件以及以下要求完成高程测量放样:

a) 对本指南8.3.2.3确定的所有测点计算其设计高程;

b) 现场完成混凝土护栏高程测设,按照符合施工方法的放样要求,计算控制混凝土护栏的顶面高程的数据;

c) 高程测量完毕,应采用不同的方法进行现场关键控制位置的校核。

8.3.2.5 所有放样点应采用红油漆做底色,黑色马克笔标记中心点,并标明相应里程和方位标识。

8.3.3 凿毛、预埋钢筋调整

8.3.3.1 对现浇混凝土护栏浇筑处已完成混凝土凿毛不足的部位或松散混凝土,进行重新凿毛或凿除,并将杂物清理干净。

8.3.3.2 拉线调整护栏预埋筋,确保钢筋的角度、位置与设计一致,便于预埋筋与护栏钢筋的焊接。

8.3.3.3 应检查梁板预埋钢筋,对焊接长度不足、缺失、偏位的钢筋应进行植筋处置。植筋应符合《混凝土结构后锚固技术规程》(JGJ 145)的相关规定。

8.3.3.4 应在桥面上按照模板安装方案对对拉杆的位置进行放样,理清护栏钢筋与对拉杆的冲突,提前确定冲突解决方案,如经审核批准的解决方案涉及护栏钢筋调整,则应适当调整预埋钢筋位置。

8.3.4 钢筋加工与安装

8.3.4.1 应按照以下要求完成钢筋加工及运输:

a) 钢筋均应清除油污和捶打能剥落的浮皮、铁锈,钢筋局部除锈可通过人工采用钢丝刷或砂轮等方法进行;如除锈后钢筋表面有严重的麻坑、损害并已伤蚀截面时,应剔除不用。

b) 钢筋下料前,应认真核对钢筋规格、级别及加工数量,无误后按配料单下料。钢筋弯曲成型前,应根据配料表要求长度分别截断,采用钢筋切断机进行。应将同规格钢筋根据不同长短搭配、统筹排料;宜先断长料,后断短料,以减少短头和损耗。切断过程中如发现劈裂、缩头或严重的弯头等,应予以切除,切断后钢筋断口不应有马蹄形或起弯等现象。

c) 钢筋弯制和端部的弯钩宜采用数控弯箍机进行集中加工、分类存放,对于直径大于14mm的钢筋可采用弯曲机进行弯制。加工后钢筋的加工质量、弯曲直径、平直段长度应满足《公路桥涵施工技术规范》(JTG/T F50—2011)第4章的相关要求,经检查满足设计要求后运至现场。

d) 护栏钢筋应采用专用运输车运输至现场,半成品现场存放数量应根据每天作业长度确定,存放数量不宜超过1d的半成品消耗量。

e) 现场钢筋半成品按照规划的存放位置进行存放,钢筋存放不应堵塞桥面交通通道,不影响钢筋安装作业及设备作业。

8.3.4.2 应按照以下要求完成护栏钢筋安装:

a) 钢筋安装流程为:安装基准架定位→护栏导向骨架钢筋安装→定位胎架定位→护栏骨架分布筋及马蹄筋安装→水平筋安装。

b) 采用安装基准架进行护栏导向钢筋安装;安装前应按照直线段5m、曲线段3m的间距设置护

栏导向钢筋,通过定位装置的水平尺、限位装置,精确控制护栏钢筋垂直度、水平度、高程和平面位置。安装操作如下:

1) 调整定位装置水平尺处于垂直状态,观察水平尺的位置,使水平尺的气泡处于对中状态,当存在误差时可通过底部的高程调节螺杆进行微调。

2) 根据放样点的高程数据,通过调整高程调节螺杆来定位装置基座高程,精确控制定位装置的骨架钢筋顶面高程控制杆的高程。

3) 定位装置通过测量基准线和护栏预埋筋的位置精确定位底座位置和方向。定位装置定位后,观察护栏内侧预埋筋与定位装置预埋筋定位杆的相对位置情况,宜密贴,局部不满足要求的对预埋筋进行微调。

4) 钢筋安装时,先安装护栏骨架钢筋,骨架钢筋通过护栏预埋筋定位纵向位置,通过定位装置的骨架钢筋定位杆定位横桥向位置,通过骨架钢筋顶面高程控制杆定位骨架钢筋顶面高程,实现三维坐标精确定位;钢筋安装时,以接触密贴定位装置并且定位装置各部件不产生位移为准。

5) 按以上步骤循环,完成护栏导向钢筋安装。

c) 护栏导向钢筋安装完成后进行护栏分布钢筋安装,宜采用定位胎架按照以下要求进行骨架分布筋安装:

1) 将安装定位胎架置于待安装钢筋部位,根据测量基准线定位胎架横向位置,通过微调高程调节螺杆,使钢筋安装定位胎架处于垂直状态。

2) 就位时,定位胎架的起始槽口应与导向骨架钢筋对应并卡紧,并依次安装定位胎架范围剩余的护栏骨架钢筋,通过横向限位柱槽口控制钢筋横向位置,顶杆高程线位装置控制钢筋顶部高程,结合梁板护栏预埋筋进行骨架钢筋三维坐标精确定位。定位完成后,分别采用定位焊、搭接焊焊接牢固,焊接质量应符合《二氧化碳气体保护焊工艺规程》(JB/T 9186—1999)的8.3中等级Ⅱ的要求。安装时,结合护栏钢筋五线定位法进行校核检查,护栏骨架钢筋五线定位法布点示意见图47,分别位于骨架钢筋顶部、距离顶部10cm两侧、马蹄筋与骨架钢筋交点处两侧;安装完成的钢筋应线形平顺,安装效果见图48。

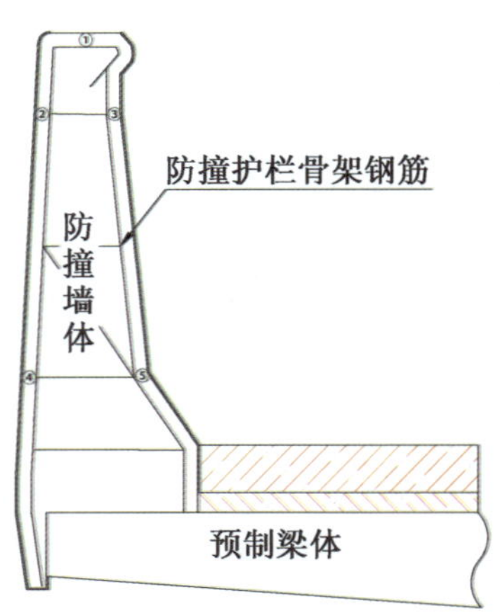

图47 护栏骨架钢筋五线定位法布点示意图

图48 护栏钢筋安装效果示意图

3) 骨架分布钢筋安装完成后,随即进行马蹄筋安装。安装时,马蹄筋竖向位置根据梁板护栏预埋筋确定,钢筋应与马蹄筋间距控制板相对应,并放置在卡槽端部,实现钢筋纵横向、竖向位置精确定位。定位完成后,分别进行定位焊和搭接焊,焊接质量应符合《二氧化碳气体保护焊工艺规程》(JB/T 9186—1999)的8.3中等级Ⅱ的要求。

4) 水平筋安装按照水平筋定位杆件进行定位(图49)与骨架钢筋搭接部位采用扎丝绑扎固定。绑扎形式按逐点改变绕丝方向(8字形)交错绑扎,或按双对角线(十字形)方式绑扎,以不易松脱为准。绑扎扎头反扣至钢筋内侧,不应侵入混凝土保护层,并按照4 个/m^2呈梅花形布置与护栏混凝土同强度等级的圆形混凝土垫块。

图 49　定位装置示意图

5）水平筋安装完成后,将定位胎架移动至下一工作区域,随即安装上区段的预埋件和其他分布筋。

6）重复上述 1) ~5) 步骤,直至护栏准备浇筑段钢筋全部安装完成。绑扎完成的护栏钢筋骨架应牢固无松动,间距均匀,线形平顺。

d）护栏钢筋安装完成后,应检查钢筋安装线形、焊接等质量情况,对局部不符合要求的应进行调整直至满足要求。

e）护栏钢筋焊接宜采用 CO_2 气体保护焊,焊接质量应符合《二氧化碳气体保护焊工艺规程》(JB/T 9186—1999)的 8.3 中等级Ⅱ的相关要求;焊接时应有防风措施。

8.3.4.3　钢筋加工及安装完毕,应按照《公路工程质量检验评定标准　第一册　土建工程》(JTG F80/1—2017)第 8.3.1 条的规定进行质量检查。

8.3.5　模板制作与安装

8.3.5.1　施工前,应编制护栏模板施工方案,明确制作和安装详细设计和要求。

8.3.5.2　模板制作应符合以下要求:

a）护栏模板应采用厂制定型钢模,模板刚度、强度、稳定性应满足《公路桥涵施工技术规范》(JTG/T F50)的相关规定;

b）面板宜采用厚度不低于 6mm 的钢板整体冲压成型,表面光洁,面板平整度允许误差控制在 ±1mm,其他尺寸控制在 ±2mm;

c）对于护栏结构有较大角度的折线段,如马蹄部位,为减少气泡的产生,宜采取圆滑过渡段设计;

d）护栏拉杆孔应根据护栏钢筋间距进行设计,防止拉杆孔与护栏钢筋冲突,拉杆孔位置宜不高于铺装混凝土顶面 5cm;

e）预留预埋槽口模板应采用钢模或木模制作,不应采用泡沫材料模板;

f）直线段模板单节长度宜为 1.5m ~3m,曲线段模板节段宜为 1m ~1.5m,宜与桥跨长度相匹配;

g）节与节之间采用法兰盘螺栓固定连接,模板上设置的吊环不应采用冷加工钢筋制作;

h）模板制作质量应满足《公路桥涵施工技术规范》(JTG/T F50—2011)表 5.3.6-1 的要求。

8.3.5.3　模板进场后应进行除锈。在模板安装前,应采用砂轮片对模板进一步打磨,清除模板表面的浮锈、附着物等,打磨完成后采用洗洁精逐块清洗,再用干毛巾将模板擦拭干净,宜采用白色抹布擦拭板面,以无污物为判定标准。

8.3.5.4 应按照以下要求进行模板整体预拼装：

a) 模板运至现场后，宜按照放样好的拉杆位置进行摆放，应对所有模板组合进行整体拼装，整体拼装示意见图50；为减少护栏拼缝错台，护栏模板安装前宜2块～3块为一节段进行拼装（需满足设备额定载重量要求），再整体安装；

图50 模板整体拼装示意图

b) 模板预拼装应按照模板编号依次排列、逐块依次进行拼装；

c) 检查模板接缝处是否平顺、拼缝是否错台、有无缝隙、高度是否一致等，同时对模板进行校验、除锈打磨至满足《公路桥涵施工技术规范》（JTG/T F50）的相关规定，并对模板进行编号。

8.3.5.5 模板安装前应完成以下工作：

a) 应注意是否需要预留横向泄水孔，并控制好泄水孔进水口高程，既保证桥面排水，又保证桥面结构内部水排水通畅；

b) 宜在模板拼缝及底部垫橡胶条或双面胶，防止接缝漏浆；

c) 参考护栏模板安装基线核实桥面高程，根据模板高度计算安装完成后的护栏模板顶面高程，对高出的模板底部支撑范围混凝土采用抹面机进行打磨平整，高度不足部位采用水泥砂浆或泡沫胶封堵，并确保封堵混凝土或泡沫胶不侵入护栏混凝土范围；

d) 脱模剂宜采用专用脱模剂，脱模剂应涂抹均匀、无遗漏，不能有堆积和流淌现象；施工时采用专用滚筒沿护栏模板从上至下有序进行。

8.3.5.6 模板安装采用作业台车，作业台车示意见图51。作业台车技术参数应符合本指南5.3.3的要求，能够快速、高效、安全地进行模板拆装施工。

图51 作业台车作业示意图

8.3.5.7 模板安装时应按以下方法先安装内侧模板，再安装外侧模板：

a) 作业台车使用时，应符合以下操作注意事项：

1) 起吊作业时，应对小型吊机进行空载试验，检查各部件是否运行正常；

2) 吊运工作中，如遇到电压过低，应减少起吊重量和起吊高度，以确保电机的负荷正常；

3) 模板安装过程中，应对行走轮进行锁死。

b) 作业台车将模板吊装就位，并通过电动装置微调模板位置。模板内侧通过钢管斜撑及钢丝绳固定（先撑，再拉，后调节底部L板，见图52、图53），斜撑间距控制在1m～2m范围内，护栏内模板底部宜按照1.5m～2m的间距设置锚固钢筋进行定位，防止模板上浮及偏位。模板顶部通过吊铅垂线确定模板的垂直度，并用钢丝绳上的调节螺杆进行微调固定。

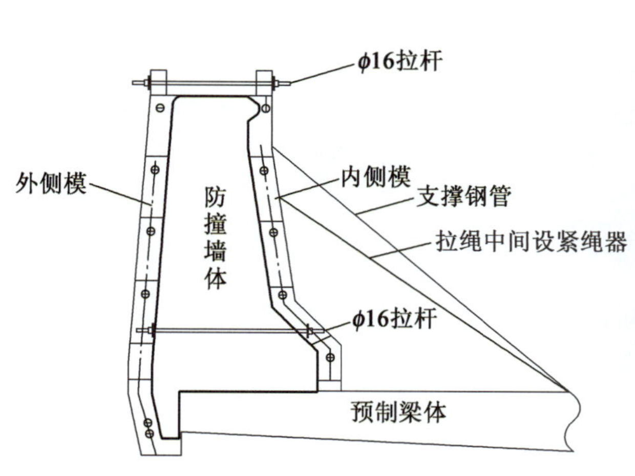

图52 模板安装固定示意图

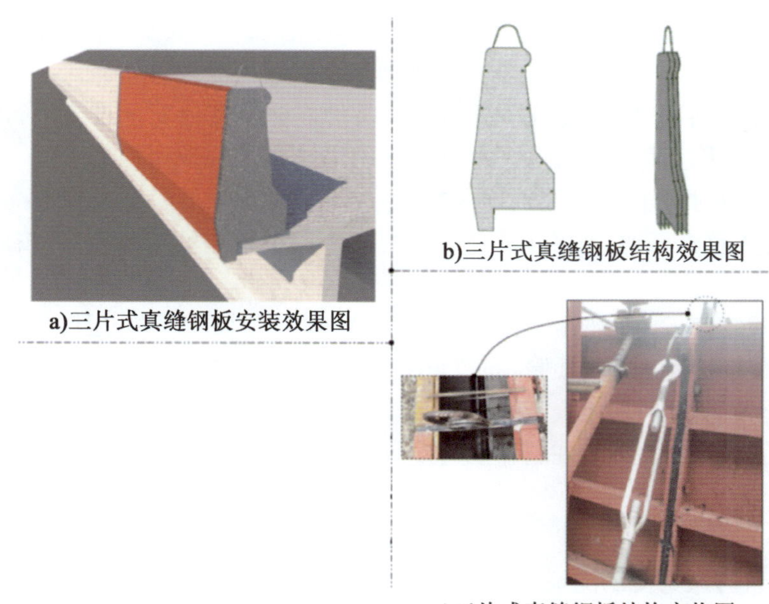

图53 模板安装固定示意图

c) 安装下一节段模板时，通过移动作业台车，移动模板吊点位置实现与上一节段拼接，模板拼接时采用螺栓进行预固定，并按照上一节段模板安装工艺来调整本节段模板位置，用水平尺检查模板拼缝错台、缝隙等情况，拼缝误差应符合《公路桥涵施工技术规范》(JTG/T F50)的相关要求。模板每安装 15m ~ 20m 应重新校验一次，确保模板稳固、线形平顺。调整完成后即可安装外侧模板。

8.3.5.8 作业台车将外侧模板吊装至待安装部位，外侧模板底部采用人工调节固定，人员应在作业台车的作业平台上进行作业。模板顶面通过测量与内模的混凝土厚度确定顶面横向位置，通过以内模顶面高程为基准，采用水平尺调整外模板的顶面高程，使其顶面高程与内模一致。采用顶托拉线及对拉螺杆的方式进行外模加固，必要时焊接临时模板定位筋，安装后的模板及支撑不应有松动现象。模板定位完成后，对外模与梁板之间的空隙采用水泥砂浆或泡沫胶封堵，水泥砂浆或泡沫胶不应侵入护栏混凝土范围。

8.3.5.9 待浇筑段模板全部安装加固完成后，应按照《公路桥涵施工技术规范》(JTG/T F50—2011)表 5.3.6-2的要求再进行一次模板校验，对模板的线形、顶部高程、垂直度等进行检查，对于直线段护栏应沿模板顶内侧边线拉线校核，确保模板安装平顺、稳固。

8.3.5.10 护栏胀缝宜采用专用胀缝钢板，可采用 3 片钢板重叠，单片钢板厚度为 6mm ~ 7mm，钢板通过外缘孔与护栏模板固定，护栏施工完毕后与护栏模板一起拆除，先拆除中间片钢板，再拆除其余胀缝钢板，并按照设计要求进行胀缝填充。

8.3.6 混凝土拌和

应按照本指南 7.3.6 的要求完成混凝土拌和工作。

8.3.7 混凝土输送

混凝土采用混凝土罐车运输至现场，可采用罐车通过料斗将混凝土输送至布料系统，也可通过其他方式将混凝土输送至布料系统。

8.3.8 混凝土布料

8.3.8.1 混凝土布料使用布料系统，布料系统应符合本指南 5.3.4 的要求，并按本指南第 5 章的要求进行调试和验收。

8.3.8.2 混凝土开始布料前，应对浇筑平台的安全防护栏杆及其他安全设施进行检查，确保施工安全。布料系统使用前，应检查其是否可以正常使用，并按以下要求完成布料工作：

a) 料斗使用前，应对料斗进行检查，确保料斗沟槽清洁无杂质、湿润、不积水。

b) 料斗应由专人负责移动，确保移动速度与混凝土的下料速度相匹配，并按照既定的移动路线移动。

c) 下料时，应观察模板内的混凝土高度，确保单次连续下料高度与分层厚度相匹配，并略高于分层厚度，以保证混凝土振捣质量；布料至距离护栏模板顶部 10cm ~ 20cm 时，应减缓布料速度，防止混凝土抛洒浪费、污染模板。

d) 料斗使用后，应及时将附着在料斗上的残留混凝土冲洗干净。

8.3.9 混凝土浇筑与振捣

8.3.9.1 混凝土浇筑与振捣使用浇筑平台，浇筑平台应符合本指南 5.3.5 的要求，并按本指南第 5 章的要求进行调试和验收。

8.3.9.2 混凝土浇筑时，应按照本指南 5.3.5 的要求使用浇筑平台；浇筑平台在使用过程中应注意将行走轮锁死，作业人员应将安全带固定在平台挂钩上。

8.3.9.3 混凝土浇筑时应尽量避开高温时段。混凝土拌和时的坍落度应根据试验段的数据及调整方法进行调整，当外界温度高于 33℃时宜为 110mm ~ 130mm，低于此温度时宜为 80mm 左右。

8.3.9.4 混凝土施工宜采用斜向分层布料振捣工艺，利用混凝土坍落度形成大斜坡。马蹄以下部分作为第一层，马蹄以上宜分2层～3层，每层浇筑厚度不应超过50cm，混凝土振捣采用ϕ30mm插入式振捣器振捣密实。振捣应满足以下要求：

a）振动器应直上直下，快插慢拔，以消除孔洞。振动棒插点宜沿现浇混凝土护栏中心处插入，均匀排列，逐点移动，顺序进行，不应遗漏，做到均匀振实。移动间距不大于振捣作用半径的1.5倍，一般为30cm～40cm。振捣时，振捣棒不应触及钢筋和模板，不应用振捣棒振捣钢筋和模板。

b）分层振捣时，振捣上一层时应插入下一层5cm～10cm，以使两层混凝土结合牢固。根据混凝土浇筑时自然形成一个坡度的实际情况，在浇筑带的前后宜布置两道振动器分别振捣。第一道布置在混凝土的卸料点，振捣上部的混凝土。由于钢筋间距较密，第二道布置在混凝土坡脚处，确保下部混凝土的密实。随着混凝土浇筑工作向前推进，振动器也相应跟上，以确保整个高度混凝土的质量。

c）每次振捣的时间为25s～40s，振捣时间不宜过久，以免砂与水泥浆分离，石子下沉，在混凝土表面形成砂层，影响混凝土质量。振捣时，以混凝土表面泛浆，不再显著下沉、不再出现气泡来确定。

d）振捣器启振时，应由操作人员掌握，不应将启振的振捣棒平放在钢板或水泥板等坚硬物上，以免撞坏发生危险。

e）振捣器停止使用时，应立即关闭电动机；搬动振捣器时，应切断电源，以确保安全。

f）作业完成后，应做好清洗、保养工作。振捣器应安放在干燥处。

8.3.9.5 浇筑混凝土应连续进行，如要间歇，其间歇时间应尽量缩短且不应超过30min，并应在上层混凝土初凝之前，将次层混凝土浇筑完毕。浇筑及间歇的全部最长时间不应超过《公路桥涵施工技术规范》(JTG/T F50—2011)表6.11.5所允许的时间，超过时宜按施工缝处理(当混凝土凝结时间小于2h时，则应当执行混凝土的初凝时间)。施工缝宜设置在断缝位置，混凝土浇筑时预留施工缝宜采用钢塞板，使用钢塞板预留示意见图54。

图54 施工缝钢塞板示意图

8.3.10 拆模

8.3.10.1 混凝土强度达到2.5MPa后方可脱模，模板拆除宜从起始浇筑段(与前一浇筑段相邻部位)向终点段逐段拆除。拆除时，应避免用重锤敲击模板，或用撬棍硬砸猛撬模板，防止混凝土外形、结构内部损坏及模板变形。

8.3.10.2 现浇混凝土护栏宜采用作业台车进行拆除。拆除时，应先拆除外部模板再拆除内侧模板，并确认吊绳与模板可靠连接后方可进行拆除,以防止模板脱落,保证施工安全。

8.3.10.3 终点段应预留 3m ~ 6m 不拆除,作为与下一段护栏模板顺接搭接使用,以保证护栏线形平顺美观,预留搭接示意见图 55。

图 55 护栏模板预留搭接示意图

8.3.10.4 拆模后混凝土不允许修饰,当出现《公路工程质量检验评定标准 第一册 土建工程》(JTG F80/1—2017)附录 P 所列限制缺陷时,应按照专项施工方案进行处治,处治结果报监理单位备案。

8.3.10.5 模板拆除过程中,拆下来的模板和零配件应及时在规定的位置摆放整齐,并及时将模板残留的混凝土进行清理,对场地进行清扫,做到文明施工。

8.3.11 假缝、胀缝施工

8.3.11.1 护栏模板拆除后,当达到混凝土设计强度 25% ~ 30% 时,采用假缝切割机进行假缝切割,防止不规则收缩裂缝的产生。护栏外侧的假缝切割宜采用护栏模板安装作业台车的作业平台进行。

8.3.11.2 宜采用切缝定位架辅助假缝切割,切缝定位架示意见图 56。假缝切缝前,应将切缝定位架固定在护栏上,确保切缝机切缝时不偏离。假缝切割可沿模板拼缝位置切割,以消除模板拼缝,切缝宽度为 0.5cm,深度为 3cm ~ 4cm,假缝间距宜为 4m ~ 5m,切割时左右侧护栏对称,提升外观质量。

图 56 切缝定位架示意图

8.3.11.3 现浇混凝土护栏胀缝应按设计位置在桥梁墩顶、跨中等部位处进行设置。在钢模设计时,应考虑胀缝钢板与护栏钢模板配套加工,以避免漏浆,护栏缺口堵头宜采用钢板连接。

8.3.11.4 护栏宜间隔 10m ~ 15m 设置一处胀缝,胀缝应与模板垂直,宽度为 20mm。胀缝模板安装应符合本指南8.3.5.7的规定,并采用预先加工、安装和固定胀缝钢筋支架进行固定。安装完成的胀缝倾斜偏差不大于20mm,弯曲和位移偏差不大于10mm。

8.3.11.5 在混凝土护栏浇筑完毕4h~5h后(或护栏模板脱模后),立即进行胀缝塞板的抽拔,抽拔时间应按照试验段确定的时间进行,过早易破坏防护墙混凝土,过晚则增加抽拔困难。抽拔塞板时,抽拔拉力方向宜与胀缝竖向一致,以防损坏混凝土棱角或引起钢板变形而增大抽拔力。

8.3.11.6 现浇混凝土护栏养护完成后,应按照设计要求对胀缝用泡沫板和密封膏进行填充。

8.3.12 混凝土智能养护

8.3.12.1 采用本指南5.3.6智能养护系统进行混凝土养护。

8.3.12.2 养护前应按照本指南第5章要求,对智能养护系统进行调试和验收。

8.3.12.3 应在模板浇筑前对智能养护系统进行试用,模板拆除后,按照以下要求开展护栏混凝土的养护工作:

a) 按照本指南5.3.6的要求安装智能养护系统,按照试验路段确定的养护水提供方式,连通养护用水,设定喷淋间隔时间的调整阈值,并启动智能养护系统开始使用;
b) 混凝土养护期间,应有专人按试验段确定的间隔时间检查养护情况,确认智能养护系统工作正常,确保养护用水满足养护需求;
c) 出现问题应立即处理,并用人工持续进行混凝土的养护工作,保持混凝土处于养护状态;
d) 养护时间应不少于7d;
e) 养护结束后,拆除智能养护系统;拆除时应垂直上提,脱离并高出护栏后才能横向移动,避免损伤护栏混凝土。

8.3.12.4 护栏施工完成后,宜设置警示标识,防止机械设备碰撞。

8.3.13 护栏质量检查

护栏混凝土养护结束后,应按照《公路桥涵施工技术规范》(JTG/T F50—2011)第21.7.1条的要求进行质量检查,检查内容如下:

a) 护栏的胀缝、假缝的设置应满足设计要求。
b) 对护栏的线形,直线段应顺直,曲线段弧形应圆顺,无折线与死弯;顶面应平顺美观、高度一致。
c) 现浇混凝土护栏上的预埋件应焊接牢固,焊缝应满足设计和有关规范的要求,并应按设计要求进行防护。
d) 护栏顶面与护栏内侧混凝土桥面铺装顶面的距离不应小于设计值。

9 工程质量检验评定

9.1 水泥混凝土桥面铺装

9.1.1 钢筋网

钢筋网加工及安装应按照《公路工程质量检验评定标准　第一册　土建工程》(JTG F80/1—2017)第8.3.1条的规定进行质量检验和评定。

9.1.2 混凝土

水泥混凝土桥面铺装应按照《公路工程质量检验评定标准　第一册　土建工程》(JTG F80/1—2017)第8.12.2条的规定进行质量检验和评定。

9.2 现浇混凝土护栏

9.2.1 钢筋

钢筋加工及安装应按照《公路工程质量检验评定标准 第一册 土建工程》(JTG F80/1—2017)第8.3.1条的规定进行质量检验和评定。

9.2.2 混凝土

现浇混凝土护栏应按照《公路工程质量检验评定标准 第一册 土建工程》(JTG F80/1—2017)第8.12.11条的规定进行质量检验和评定。

附 录 A
(规范性附录)
质量问题及预防

A.1 混凝土桥面质量问题及预防措施见表 A.1。

表 A.1 混凝土桥面质量问题及预防措施

序号	质量问题	原因分析	预防措施
1	铺装混凝土平整度不足	a) 铺装设备振捣梁刚度不足或设备养护不及时,导致振捣梁产生下挠。 b) 配合比设计不合理,整平振捣机整平次数不足,造成局部整平不到位	a) 选择的整平振捣机应满足施工质量要求,施工过程中根据工程特点调整一次摊铺宽度,设备使用过程中定期保养、检查,确保设备性能满足要求。 b) 根据设备工艺特性设计混凝土配合比,使配合比与设备使用相匹配,并通过试验确定最佳摊铺遍数
2	铺装混凝土高程不满足要求	a) 基准带施工高程控制不严,未设置基准带横坡。 b) 整平振捣机轨道高程未复核,未按设计调整,或轨道固定、连接不牢固。 c) 整平振捣机维护保养不及时,导致振捣梁精度偏差过大	a) 基准带高程控制点按照直线段 5m、曲线段 3m 设置,并在变坡点增设高程控制点,施工时严格控制设计高程,并按照设计参数设置横坡。 b) 整平振捣机轨道前、后进行轨道高程复核,对局部不符合设计高程的轨道进行调整加固。 c) 施工过程中经常性检查轨道状态,发生扭曲、松动等情况时应及时调整。 d) 对整平振捣机定位保养,对振捣梁精度定期复核,通过工艺对比调整施工参数
3	基准带接合处积水	出现高差	a) 落实专人进行接缝处理。 b) 后浇混凝土位于坡度的上方时,应适度饱满,位于下方时应平顺过渡。 c) 后浇筑段施工时将基准带清洗干净,确保基准带与后浇筑带之间顺利衔接、无落差
4	基准带接合处混凝土密实度不足	基准带先浇筑,桥面铺装后浇筑,衔接处的混凝土浇筑存在新老混凝土的衔接,后浇筑部分混凝土水分容易损失,控制不严	a) 后浇混凝土,浇筑前充分湿润。 b) 专设人员进行接缝位置的混凝土处理。 c) 通过首件工程进行控制方法的确认

表 A.1　混凝土桥面质量问题及预防措施(续)

序号	质量问题	原因分析	预防措施
5	钢筋网片位置合格率偏低	a) 钢筋网原材料变形,局部翘曲,造成局部漏筋或保护层厚度不满足要求。 b) 钢筋网片安装时固定不牢固,人员踩踏造成局部钢筋网凹陷或翘曲,混凝土摊铺时扰动钢筋网片造成钢筋网片上浮或下陷。 c) 钢筋网片、钢筋安装完成后未进行保护层厚度检测	a) 对原材料进场检验,对不符合要求的原材不应使用。 b) 钢筋网片安装结合剪力筋、架立钢筋进行固定,局部易变性处采用焊接固定,施工完成的钢筋网片避免人工踩踏、机具堆放等。 c) 钢筋网片安装完成后,及时采用保护层检查台车进行钢筋网片位置检查,检测合格后方可进行下一工序施工。 d) 混凝土摊铺振捣时避免振捣棒与钢筋网片长时间接触,整平振捣机试运转时避免扰动钢筋
6	铺装混凝土裂缝	a) 配合比设计不合理,与机械施工设备不匹配,混凝土原材料不合格。 b) 保护层控制不严。 c) 混凝土振捣不实,或漏振,或振捣时间不足。 d) 混凝土养护不及时,或养护不到位。 e) 超载、超速车辆通行	a) 配合比设计应与设备工艺相匹配,对混凝土水灰比、坍落度严格控制,严格进行混凝土原材料检测检验。 b) 严格控制混凝土保护层合格率。 c) 加强对混凝土的振捣。 d) 采用智能养护系统,实现无盲点、全天候养护。 e) 限制重车通行,不允许超载超速车辆通行
7	伸缩缝处铺装混凝土破损	临时伸缩缝顶面过低,车辆通行造成铺装混凝土破损	临时伸缩缝采用土工布包裹回填密实,槽内浇筑素混凝土并略高出现浇混凝土铺装层

A.2　现浇混凝土护栏质量问题及预防措施见表 A.2。

表 A.2　现浇混凝土护栏质量问题及预防措施

序号	质量问题	原因分析	预防措施
1	护栏钢筋位置不当	a) 设计欠周到。 b) 施工模板安装不当	a) 根据护栏钢筋设计间距设计护栏拉杆孔,从设计源头解决拉杆孔与钢筋冲突的问题。 b) 模板安装时,提前规划模板安装位置,规避或减少拉杆孔冲突

表 A.2　现浇混凝土护栏质量问题及预防措施(续)

序号	质量问题	原因分析	预防措施
2	护栏线形不顺直	a) 模板平顺度不足或发生变形。 b) 模板安装精度差,固定不牢固。 c) 两个浇筑单元搭接处,模板安装不协调。 d) 直线段曲线段参考基准点设置数量不足	a) 模板进场后进行刚度、强度验收,整体试拼校验,并进行编号,施工时按编号顺序安装模板,施工中对模板经常检查、校验,对不满足要求的模板不得使用。 b) 模板安装时按照直线段5m、曲线段3m的间距设置参照复核点,并对模板加固牢固。 c) 采用模板预留搭接工艺,上一浇筑单元拆模时预留3m~6m不拆模,与下一浇筑段模板对接拼接,避免浇筑单元之间错台
3	钢筋位置合格率偏低	a) 护栏钢筋安装精度不足。 b) 未严格操作钢筋定位胎架	a) 护栏钢筋半成品采用数控设备加工,确保半成品加工精度。 b) 对护栏预埋筋拉线调整,保证预埋筋线形满足要求。 c) 采用定位胎架进行钢筋安装,并按照直线段5m、曲线段3m的间距设置导向钢筋,结合五线定位法进行钢筋精确定位
4	混凝土气泡、蜂窝麻面	a) 配合比设计不合理,混凝土原材料不合格。 b) 混凝土振捣不实,或漏振,或振捣时间不足。 c) 模板缝隙封堵不严产生漏浆	a) 进行工艺性试验,设计、调整混凝土施工配合比,施工过程中严格控制混凝土原材料。 b) 加强对混凝土的振捣。 c) 护栏施工采用分层布料,首次布料宜控制在护栏马蹄(如有)顶部位置,方便气泡排出。 d) 模板之间拼缝采用双面胶封堵,模板底部采用橡胶条后水泥砂浆封堵密实,防止模板漏浆
5	混凝土裂缝	a) 胀缝设置间距过大,假缝切割不及时。 b) 养护不及时或不到位。 c) 混凝土强度未达到规定要求开放交通,或超载、超速车辆通行、振动	a) 宜10m~15m间距设置胀缝,脱模后及时进行假缝切割,假缝切割宽度为2m,深度为3cm~4cm。 b) 护栏脱模前采用薄膜进行保湿养护,脱模后采用智能养护系统进行护栏全覆盖、全天候养护。 c) 护栏宜在桥面铺装完成后施工,护栏强度满足设计要求前不允许车辆通行,限制超载、超速车辆通行